옛그림학교
2

신윤복의
풍속화로
배우는

옛
사람들의
풍류

최석조 지음

옛그림학교
2

신윤복의
풍속화로
배우는

옛 사람들의 풍류

최석조 지음

아트북스

입학식

여러분, 반갑습니다.

두 번째 옛 그림 학교가 문을 열었습니다. 쭈욱 둘러보니 새로운 친구들도 많지만 낯익은 얼굴도 눈에 띄네요. 또 만나서 더 반갑습니다. 그만큼 옛 그림이 여러분의 사랑을 받는 것 같아서 무척 기쁘군요.

이번에 다룰 작품은『혜원전신첩(蕙園傳神帖)』입니다. 신윤복의 풍속화를 모아 놓은 화첩이지요. 신윤복은 베일에 싸인 화가입니다. 알려진 사실이 거의 없기 때문이지요. 그렇지만 이 화첩만은 너무도 유명합니다. 국보 135호로까지 지정되었으니까요. 대한민국 국민이라면 모르는 사람이 없을 정도이지요.

『혜원전신첩』에 들어 있는 작품은 모두 30점입니다. 주로 양반과 기생이 어울려 노는 장면을 담았지요. 남녀의 사랑을 그린 작품도 있습니다. 특이한 점은 작품마다 빠지지 않고 여인들이 등장한다는 사실이지요. 괄시 받던 여인들이 버젓이 그림의 주인공이 되었다니, 대단히 파격적인 화첩임을 대번에 짐작할 수 있습니다.

사실 여러분이 보기에 민망한 작품도 더러 있습니다. 남녀의 사랑을 아주 적나라하게 묘사했거든요. 그래서 여러분과 함께 보고 읽을 그림으로 13점만 추렸습니다. 그렇긴 해도 보기에 따라 다소 민망한 작품도 있습니다. 너무 쑥스러워하지는 마세요. 모두 우리 조상님들이 살아가던 모습이니까요.

  다정스런 눈길로 살피다 보면 이번에도 역시 그림이 여러분에게 말을 걸어올 겁니다. 가슴을 활짝 열고 받아들이기 바랍니다. 끝날 때쯤이면 마음의 키가 훌쩍 컸다는 걸 느끼게 될 겁니다. 옛 분들이 여러분에게 주는 선물이지요. 2박 3일이라는 짧은 일정이지만 소중한 시간이 되길 바랍니다.

차례

입학식 ::4

첫째 날 | 누군가 지켜보고 있다!

제1교시 🎵 화려한 색깔 속에 감춰진 비밀 「단오 풍경」 ::10
{ 더 알아보아요 • 사치의 상징, 트레머리 } ::24

제2교시 🎵 술 다 마셨거든 비켜 주시오 「술집」 ::25
{ 옛날엔 이랬어요 • 옛날의 술과 술집 } ::36

◆ 신나는 중간놀이 | 흐트러진 마음을 다스리다 「투호」 ::37
{ 옛날엔 이랬어요 • 우리의 전통 놀이 } ::46

제3교시 🎵 작은 쌈지를 열고 큰 공덕을 꺼내다 「탁발」 ::47
{ 더 알아보아요 • 불전사물 } ::58

제4교시 🎵 거 봐, 그러기에 덤비지 말랬지 「싸움」 ::59
{ 더 알아보아요 • 기세등등 화려한 별감 } ::73

◆ 보충학습 | 옛날에는 색을 어떻게 만들었을까 ::74

둘째 날 바람 따라 물 따라 풍류를 즐기자꾸나

제1교시 　점잖은 양반이 저래도 되나 『연꽃과 가야금』 ::80
　　{더 알아보아요 • 송도삼절—박연폭포 · 황진이 · 서경덕} ::86
　　{옛날엔 이랬어요 • 양반들이 쓰던 모자} ::92

제2교시 　속세를 잠시 떠나 즐기는 신선놀음 『뱃놀이』 ::93
　　{옛날엔 이랬어요 • 고달픈 기생들의 삶} ::105

◈ 신나는 중간놀이 ｜오늘은 내가 마부로소이다 『봄나들이』 ::106
　　{옛날엔 이랬어요 • 옛날의 세시풍속} ::114

제3교시 　춤 · 노래 · 악기가 어우러진 종합예술 『굿』 ::115
　　{더 알아보아요 • 굿의 종류} ::125

제4교시 　춤인 듯 싸움인 듯 휘두르는 쌍검 『칼춤』 ::126
　　{옛날엔 이랬어요 • 옛날의 춤} ::138

◈ 보충학습 ｜그림의 마무리, 제발과 낙관 ::139

셋째 날 설레는 가슴, 안타까운 마음

제1교시 　두 사람 마음은 두 사람만 알겠지 『은밀한 사랑』 ::146
　　{이것이 궁금해요 • 옛날의 시간} ::157

제2교시 　어험! 누구 보는 사람도 없는데 『달밤의 만남』 ::158
　　{더 알아보아요 • 옛날의 무기} ::167

◈ 신나는 중간놀이 ｜다섯이다, 여섯이야! 『쌍륙』 ::168
　　{어떤 사람일까요 • 박지원과 『열하일기』} ::176

제3교시 　숨겨진 제목을 찾아라 『무제』 ::177
　　{더 알아보아요 • 가짜 그림, 진짜 그림} ::187

제4교시 　『혜원전신첩』과 신윤복 ::188
　　{어떤 사람일까요 • 간송 전형필과 우리 문화재} ::200

◈ 보충학습 ｜화폭이란 무엇일까 ::201

졸업식 ::206

제1교시

화려한 색깔 속에 감춰진 비밀

「단오 풍경」

옛 그림을 보다 보면 때때로 깜짝 놀라게 됩니다. 감탄이 절로 나는 특별한 그림을 보았을 때지요. 그런데 두 번씩이나 놀라는 그림이 있습니다. 바로 이 그림 「단오 풍경」입니다.

먼저, 곱고 화려한 옷을 입은 여인이 눈에 들어옵니다. 수묵화만 보다가 저렇게 붉은색, 노란색을 보니 눈이 호사스러울 지경입니다. 더 놀라운 사실이 있습니다. 등장하는 여인들 중에는 상의를 벗어젖힌 사람도 있거든요. 조선 최초의 누드화라 할 만합니다. 이걸 숨어서 훔쳐보는 사람들도 있군요. 야릇한 호기심이 생기는데요.

「단오 풍경」, 종이에 수묵담채, 28.2×35.2cm, 『혜원전신첩』에 수록, 간송미술관

🔍 무엇을 볼까요?

붉은색을 쓴 까닭은 무엇일까요

빨간 치마가 눈에 확 들어옵니다.

　김홍도의 풍속화 중 가장 유명한 그림이 「씨름」과 「서당」이라면, 신윤복의 풍속화 중에서는 단연 이 그림을 꼽습니다. 미술에 별 관심 없는 사람도 한 번쯤은 보았을 그림이지요. 왜 그리 유명하냐고요? 우선 그림을 휘익 한번 둘러보겠습니다.

　가운데에는 계곡물이 졸졸 흐르네요. 위쪽에 굵고 큰 나무 두 그루가 보이고 큼직한 바위도 있습니다. 아래쪽으로도 풀과 잔 나무 몇 그루가 났군요. 김홍도 풍속화에서는 보지 못하던 배경 묘사입니다. 간단하면서도 세심하게 표현했군요. 제법 숲 속이라는 느낌이 듭니다.

　등장하는 사람들은 모두 10명입니다. 구석구석 알맞게 흩어져 있군요. 이 중에서도 유난히 눈길을 끄는 사람이 있습니다. 그렇습니다. 가운데 그네 뛰는 여인이지요.

　양손으로 그네 줄을 살며시 움켜잡았습니다. 왼발은 디딤판에 살짝 올려놓았군요. 그네를 뛰려는 참일까요, 내려오는 참일까요. 맵시 있는 갖신, 치마 밑으로 보이는 하얀 속곳, 립스틱을 바른 듯 새빨간 입술…… 그네를 탄다기보다는 마치 사진을 찍으려고 자세를 잡은 모델

같네요. 그네 줄도 끊어질듯 가느다랗습니다. 가녀린 여인의 모습에 맞춘 거지요. 뭐니 뭐니 해도 가장 큰 볼거리는 화려한 색깔의 옷차림입니다. 타는 듯 붉은 치마, 화사한 노란 저고리. 보는 사람들의 눈을 황홀하게 하는군요.

사실 이렇게 화려한 색은 보통 그림에서 잘 쓰지 않았습니다. 주로 왕실의 행사를 그린 의궤도(儀軌圖)나 절의 탱화(幀畵) 같은 특별한 그림에 주로 사용되었지요. 특히 빨간색은 왕을 상징했기에 쓰기가 더욱 조심스러웠습니다. 색을 신성하게 여긴 거지요. 또한 선비들은 그림을 그릴 때 주로 검은 먹을 썼습니다. 화려한 색은 사람의 마음을 흐린다고 여겼기 때문입니다. 이건 색을 경계한 것이지요. 그런데 여기서 신윤복은 거리낌 없이 화려한 색을 사용했습니다. 이제껏 보지 못하던 매우 파격적인 그림입니다.

특히 빨간색이 돋보입니다. 마치 축구 응원단인 붉은 악마 유니폼 같잖아요. 빨간색은 인간이 처음 사용한 색깔이랍니다. 그만큼 인간의 뇌가 빨리 반응하는 색이지요. 멀리서도 가장 먼저 눈에 띕니다. 신호등의 멈춤 색깔이 빨간색인 것도 그런 이유에서입니다. 이 그림 역시 빨간 치마가 유독 도드라져 보입니다.

이 그림은 색깔의 진하기가 매우 뚜렷합니다. 색깔이 있는 곳과 없는 곳의 차이가 크다는 뜻이

의궤도와 탱화

조선시대의 왕실이나 국가의 행사는 그 과정과 내용을 항목별로 상세히 기록했는데 그 책을 의궤라고 합니다. 특히 중요한 장면은 따로 그림으로까지 남겼는데 이를 의궤도라고 합니다.
탱화는 절에서 사용하는 그림입니다. 불교의 교리나 부처, 보살 등을 천이나 종이에 경건하고 아름답게 그려서 벽에 거는 불화의 한 종류입니다.

지요. 이렇게 되면 보는 사람의 뇌가 반응을 잘하여 눈에 쏙 들어오게 됩니다. 그래서 시각적으로 더욱 풍요로운 그림을 만들고 있지요. 김홍도를 구도의 마술사라고 한다면 신윤복은 색채의 마술사라 하겠지요.

정말 머리카락이 저렇게 길었을까

그네 뒤쪽으로 여인 두 명이 앉았습니다. 둘 다 머리를 다듬는 중이지요. 한 사람은 머리카락을 길게 늘어뜨렸네요. 진짜 머리카락치고는 지나치게 길어 보이죠? 저건 트레머리입니다. 가체(加髢)라고도 하지요. 더욱 예쁘게 보이기 위해 붙이는 가짜 머리입니다. 저걸 머리에 얹으면 그네 타는 여인처럼 탐스런 머리가 되지요. 가체가 크면 클수록 더 예뻐 보인다고 여겨 서로 경쟁을 하기도 했답니다. 분수에 넘치는 큰 가체를 얹었다가 그 무게 때문에 목이 부러져 죽은 사람도 있었다고 해요. 영·정조 시대에는 지나치게 사치스럽다 하여 트레머리하는 걸 금지하기도 했지만, 그 인기는 식을 줄을 몰랐답니다.

이 여인 들은 트레머리를 다듬고 있습니다.

오른쪽 아래에 봇짐을 인 여인이 보입니다.

옷차림이 초라한 걸 보니 심부름꾼이겠지요. 짧은 저고리 밑으로 젖가슴이 쏘옥 삐져나왔습니다. 신분이 낮은 여인들 사이에 유행하던 옷차림이라고도 하고 아이를 낳은 여인들만 입었다고도 합니다. 이를 말해주는 그림이 있지요. 역시 신윤복의 「아기 업은 여인」이란 그림입니다. 저런 짧은 저고리가 무척 유행했나 봅니다.

머리에 인 보따리 사이로 술병도 삐죽 고개를 내밀었습니다. 여기 모인 여인들이 마시려는 모양입니다. 모처럼 놀러 나왔으니 기분도 내야지요. 그런데 뭐 하는 여인들일까요? 갑자기 정체가 궁금해지네요.

저고리가
너무 짧아요!

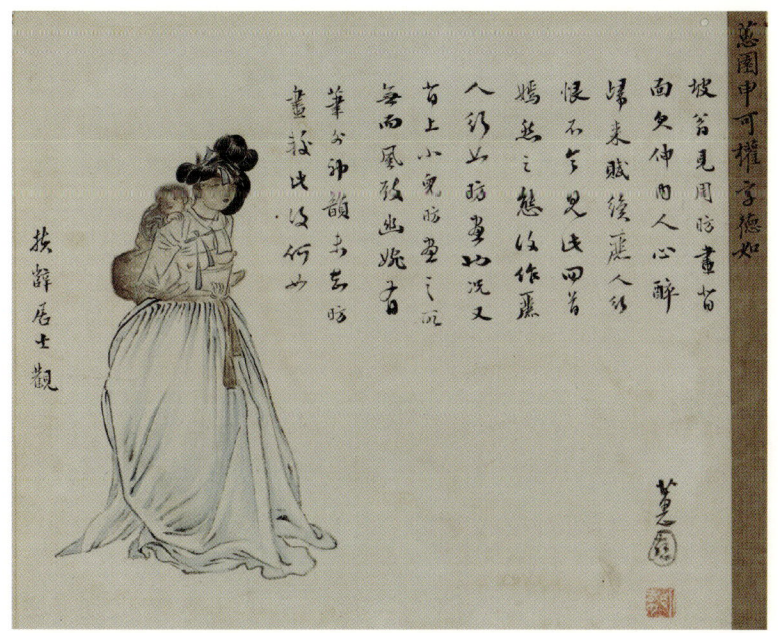

「아기 업은 여인」, 종이에 수묵담채, 23.3×24.8cm, 국립중앙박물관

 무엇을 볼까요?

어떻게 이런 그림을 그릴 수 있었을까

조선 시대에 누드 화가 있었다니!

이번에는 눈을 아래쪽으로 돌리겠습니다. 진작부터 눈길이 가던 곳인데……. 하하, 쑥스럽다고요? 으흠, 좀 그렇긴 하네요. 여인들이 목욕하는 중이니까요. 더구나 모두 옷을 홀라당 벗었습니다. 한 명도 아니고 네 명씩이나. 그만 그림을 덮자고요? 이왕 본 김에 더 자세히 보죠, 뭐.

세 명은 앉아 있습니다. 묘하게도 행동과 모습이 전부 다르군요. 팔을 씻고 있는 오른쪽 여자는 앞모습입니다. 머리를 매만지는 가운데 여자는 뒷모습입니다. 얼굴을 씻는 왼쪽 여자는 옆모습입니다. 다들 목욕을 하고 있지만 묘사는 다양합니다. 보통 솜씨가 아니지요.

가장 놀라운 것은 서 있는 여인입니다. 간신히 치마만 걸쳤을 뿐 알몸이 다 드러났잖아요. 엉덩이는 물론 점처럼 콕 찍은 젖꼭지도 보입니다. 흔히 누드화라고 하지요. 그 점잖다던 조

> **누드화**
>
> 벌거벗은 사람 또는 벌거벗은 상태를 예술적으로 표현한 그림을 말합니다. 벌거벗었다고 모두 누드라고 하지는 않고 어떤 목적이나 의의가 있을 때만 누드화라고 하지요. 그림에서는 알몸의 굴곡과 피부의 색감을 생명력이나 아름다움의 상징으로 표현했습니다. 요즘은 그림 속에서 나와 직접 벌거벗은 몸으로 시위나 퍼포먼스를 벌이기도 합니다.

선시대에 이런 그림을 그렸다니요. 지금까지의 상식을 깨는 매우 충격적인 장면입니다. 이전에도, 이후에도 이런 그림은 없었거든요.

　서양에서는 알몸을 묘사하는 일이 흔했습니다. 일찍이 그리스 시대부터 인간의 벗은 몸을 자연스레 조각으로 만들었지요. 인간이 만물의 중심이기 때문에 부끄러울 것이 없었거든요. 벌거벗은 몸이야말로 아름다움의 극치라고 생각했으니까요.

　하지만 우리는 달랐습니다. 인간이 아니라 자연이 중심이었습니다. 인간은 자연에 속한 부속물에 불과했지요. 그래서 자연 풍경을 그린 산수화가 발달했고 간혹 인간을 그려도 그 안에 아주 작게 그려 놓았습니다. 더구나 벗은 사람을 그린다는 건 상상도 못할 일이었지요.

　신윤복이 이걸 깼습니다. 새로운 발상과 대단한 용기를 필요로 하는 일입니다. 당시 사람들이 이런 그림을 쉽게 받아들일 수 없는 게 당연했지요. 신윤복이 야한 그림을 그리다가 도화서에서 쫓겨났다는 소문이 난 것도 바로 이 때문입니다.

「원반 던지는 사람」 대리석 조각, 기원전 450년경. 로마 목욕탕박물관

김홍도, 「빨래터」, 종이에 수묵담채, 27.0×22.7cm, 『단원풍속화첩』에 수록, 국립중앙박물관 소장(중박 200906-250)

 무엇을 볼까요?

스님과 여인들을 왼쪽에 그린 까닭

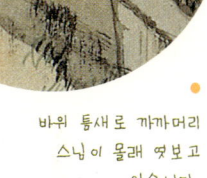

바위 틈새로 까까머리
스님이 몰래 엿보고
있습니다.

이번에는 왼쪽 위입니다. 바위 틈새로 몰래 누가 엿보잖아요. 두 사람이나 됩니다. 머리를 깎은 걸 보니 까까머리 스님이네요. 사춘기에 막 들어선 앳된 얼굴, 바로 여러분 또래지요. 한창 이성에 관심 가질 나이 아닙니까. 선생님은 충분히 이해합니다.

그런데 왜 하필 스님일까요. 이성에 대해 가장 초연해야 할 사람들인데. 그래시는 안 되는 사람들이 훔쳐보고 있으니 훨씬 아슬아슬합니다. 호기심과 아슬아슬함이 배가 되잖아요.

비슷한 장면은 김홍도의 풍속화 「빨래터」에서도 나옵니다. 이 그림에도 빨래하는 여인들을 훔쳐보는 남자가 있지요. 하지만 두 그림에는 큰 차이가 있습니다.

첫 번째 옛그림학교에서 배운 내용인데 기억나나요? 우리 옛 그림은 오른쪽 위에서부터 왼쪽 아래로 본다고 했던 것 말입니다. 그런데 보세요. 「빨래터」에서는 남자가 오른쪽 위에 숨었습니다. 거긴 그림을 보자마자 드러나는 곳입니다. 아슬아슬함이 훨씬 덜하지요. 또한 빨래하는 여인들도 가운데 그려져 있습니다. 은밀한 느낌도 덜합니다. 「단오 풍경」은 반대입니다. 훔쳐보는 스님들이 왼쪽 위에 있으니까요.

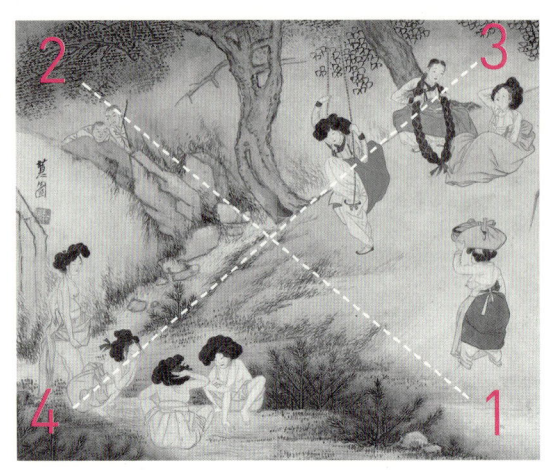

치밀하게 계산해서 그린 듯, 사람들이 곳곳에 적절히 배치돼 있습니다.

보는 사람 눈길이 아주 늦게 닿는 곳입니다. 목욕하는 여인들도 왼쪽 맨 아래 있습니다. 여기야말로 눈길이 가장 늦게 닿는 곳이지요. 은밀하고 아슬아슬한 느낌이 훨씬 더합니다. 더구나 여인들이 앉은 부근의 나무와 스님들 위쪽의 나뭇잎은 짙게 칠했습니다. 그네 뛰는 여인의 화려한 옷차림에 비하면 으슥한 느낌마저 듭니다. 비밀스런 분위기를 강조하려는 뜻이지요. 화가는 어쩌면 보는 사람의 눈길이 벌거벗은 여인들에게로 바로 쏠리는 부담감을 줄이기 위해 일부러 그네 뛰는 여인을 화려하게 색칠한 것인지도 모릅니다.

이 그림은 X자 구도입니다. 그런데 대각선을 이루는 숫자가 참 재미있습니다. 오른쪽 아래 심부름하는 여인 1명, 그 대각선 끝에는 스님 2명, 오른쪽 위에 여인 3명, 대각선 끝인 왼쪽 아래 목욕하는 여인은 4명입니다. 자, 보세요. 1, 2, 3, 4…… 사람 수가 차례대로 되었네요. 혹시 일부러 이렇게 맞춰 놓은 건 아닐까요. 균형감과 변화무쌍한 느낌을 한꺼번에 주려고 말입니다. 화가는 아주 치밀한 계산 아래 그림을 그렸나 봐요.

 무엇을 볼까요?

오늘은 무슨 날일까요

아무래도 오늘은 보통 날이 아닌 것 같지요? 그렇습니다. 단옷날입니다. 지난번 옛그림학교에 왔던 친구들은 김홍도의 「씨름」을 배울 때 이미 단오에 대해 자세히 들었죠? 음력 5월 5일인 단옷날은 설날, 한식, 추석과 함께 4대 명절로 꼽을 만큼 중요한 날이었지요. 단오 무렵은 대개 모내기와 보리 베기가 끝나고 농사일에서 한숨 돌리는 시기로, 마을마다 잔치와 행사를 크게 열었습니다. 특히 이즈음부터 비도 많이 와서 나쁜 병이 돌기 시작하고 날씨도 더워지니까 그 예방책으로 여러 풍습이 생겨나게 된 거지요.

이날 남자들은 씨름을 즐깁니다. 여자들은 뭐하냐고요? 저렇게 지내잖아요. 그네를 뛰기도 하고 창포를 달인 물에 머리도 감으면서. 머릿결도 좋아지고 나쁜 일도 미리 막자는 뜻입니다. 창포 향기가 악귀를 막아준다고 여겼거든요. 그런데 저 여인들은 대체 누구일까요?

탐스런 트레머리나 곱고 화려한 옷차림을 봐서는 양반집 마님 같기도 한데, 옷을 홀딱 벗고 목욕하는 모습이나 심부름꾼 보따리에 술병이 슬쩍 비치는 걸 봐서는 양반집 마님이 아닌 것 같습니다. 그럼 누구일까요?

바로 기생입니다. 기생들도 양반집 마님 못지않게 화려한 옷차림을

김홍도, 「씨름」, 종이에 수묵담채, 27.0×22.7㎝, 『단원풍속화첩』에 수록, 국립중앙박물관 소장

했거든요. 남자들의 눈길을 끌자면 어쩔 수 없는 일이었지요. 그네 뛰는 장면도 그렇습니다. 여러분 『춘향전』 잘 알지요. 거기서 춘향이가 이도령을 어떻게 만났는지 아세요? 그네를 뛰다가 만났잖아요. 이 그림의

여인처럼 말입니다. 춘향의 어머니인 월매는 은퇴한 기생이었습니다. 어머니가 기생이면 자식도 기생이 될 확률이 높지요. 여기 그네 뛰는 여인도 기생일 가능성이 높습니다. 다른 여인들도 마찬가지겠지요.

　앞으로 더 보면 알겠지만 『혜원전신첩(惠園傳神帖)』에는 기생들이 많이 나옵니다. 좀 과장한다면 『혜원전신첩』은 기생들에 관한 백과사전이라고 생각해도 될 정도이지요. 이들의 생활 모습에 대해서는 차차 말하겠습니다. 이번 시간은 여기까지입니다. 잠시 쉬었다가 2교시에 또 만나지요.

> **『춘향전』**
>
> 우리나라의 대표적인 고전소설입니다. 모두 70여 종류나 되는데 책에 따라 내용도 조금씩 차이가 있습니다. 전라도 남원의 기생 성춘향이 광한루에 그네를 타러 나갔다가 사또의 아들 이몽룡을 만나 평생을 같이 하기로 약속합니다. 하지만 이몽룡은 다시 한양으로 떠나버리고 새로 온 사또 변학도는 춘향이에게 수청을 들라고 강요합니다. 춘향은 죽음을 무릅쓰고 지조를 지킨 끝에 마침내 암행어사가 된 이몽룡과 다시 만나 행복하게 산다는 내용입니다.

 더 알아보아요

사치의 상징, 트레머리

옛날 여인들은 옷이나 노리개, 머리 장식 등을 통해 아름다움을 뽐냈습니다. 그 중에서도 트레머리, 즉 가체에 가장 많은 공을 들였습니다. 가체는 자기 머리카락 위에 다른 사람의 머리카락을 더 얹는 장식이지요. 그래서 얹은머리라고도 합니다.

가체를 장식하는 일은 크나큰 사치로 발전하였습니다. 머리카락을 크게 덧붙이는 외에도 금은보화로 화려하게 가꾸었으니까요. 혼례, 명절 같은 큰 행사 때는 가체를 화려하게 장식할수록 자랑거리가 되었지요. 온갖 장식을 한 가체는 굉장히 무거웠습니다. 이덕무가 지은 『청장관전서』라는 책에는 열세 살 된 며느리가 가체를 하고 방 안에 앉아 있다가 시아버지가 들어오자 인사를 하려고 갑자기 고개를 드는 바람에 목이 부러져 죽었다는 일화까지 나와 있을 정도입니다.

가체를 장식하는 일에는 많은 돈이 들었습니다. 가난한 선비 집안에서는 딸을 시집보낼 때 가체를 마련하려고 논, 밭을 팔기도 했습니다. 남은 식구들은 당장 먹을거리조차 없게 되는 거지요. 가체 없이 시집간 며느리는 이걸 장만하는 몇 년 동안 시어머니와 인사도 못했다고 합니다. 그만큼 여인들에게는 중요한 의미를 지녔고 또 그만큼 큰 부담이기도 했지요.

나라에서는 가체를 금지하려고 애썼습니다. 영·정조 시대에는 가체금지령까지 내렸지요. 대신 뒷머리만을 장식하거나 족두리를 쓰게 했습니다. 하지만 여러 가지 이유로 흐지부지 되었으며 가체는 계속 유행하다가 훨씬 뒷날에 가서야 겨우 사라지게 되었습니다.

유운홍, 「기녀」, 종이에 채색, 23.9×36.2cm, 개인 소장

제2교시

술 다 마셨거든 비켜 주시오
「술집」

혹시 아빠가 술 잘 드시는 친구 있습니까? 오! 저기 몇 명 손들었네요. 선생님은 한 잔만 마셔도 얼굴이 빨개지는데……. 그럼, 아빠가 술 마시는 곳에 가본 적은 있나요? 아, 가족들이랑 치킨 집에 갔다고요? 여러분은 치킨을 먹고 아빠는 생맥주를 마시고.

그럼 옛날 사람들은 어디서 술을 마셨을까요? 물론 주막도 있었지만 거긴 음식도 팔고 잠도 자는 곳이었잖아요. 순전히 술만 파는 술집은 없었을까요? 왜 없었겠어요. 여기 신윤복의 그림에 나오는 걸요.

「술집」, 종이에 수묵담채, 28.2×35.2cm, 『혜원전신첩』에 수록, 간송미술관

무엇을 볼까요?

이곳은 어디일까요

아래쪽에는 이웃집 지붕이 보입니다. 둘러친 담장도 보이네요. 담장 너머로 집안이 환히 들여다보이고 웬 사람들이 쭉 늘어섰습니다. 마치 집 밖에 숨어서 몰래 보는 느낌입니다.

무슨 계절이냐고요? 담 아래 붉게 물든 나무 한 그루가 보입니다. 봄날 흐드러지게 핀 진달래꽃일까요, 아니면 붉게 물든 가을 단풍일까요. 여러분도 생각해 보세요. 글쎄, 잘 모르겠다고요?

나중에 볼 「봄나들이」라는 그림에 진달래꽃을 머리에 꽂은 여인들이 나옵니다. 진달래 꽃잎은 끝이 뭉툭하군요. 「단풍놀이」라는 그림도 있습니다. 이 그림에선 가마를 든 남자가 단풍잎을 머리에 꽂았는데 끝이 뾰족합니다. 여기는 어떻습니까. 끝이 뭉툭하지요? 아무래도 진달래꽃일 가능성이 높습니다. 그러니 계절은 봄이 되겠지요. 활짝 핀 꽃만큼이나 화창한 봄날일겁니다.

「단풍놀이」,
종이에 수묵 담채,
28.2×35.2cm,
『혜원전신첩』에 수록,
간송 미술관

김홍도, 「주막」, 종이에담채, 27.0×22.7cm, 국립중앙박물관 (중박 200906-250)

이젠 집안으로 들어가 볼까요? 여러 사람들이 서 있는데 역시 파란 치마와 빨간 옷이 먼저 눈에 띄는군요. 파란 치마를 입은 여인은 구기를 들었고 빨간 옷을 입은 남자는 젓가락을 들었습니다. 어디서 많이 보던 모습 아닙니까? 그렇지요. 김홍도의 「주막」에 나왔던 모습입니다. 그럼 여긴 주막이고 두 사람은 주모와 손님?

그런데 뭔가 좀 다릅니다. 「주막」에서는 손님이 앉아서 밥을 먹는데 여기서는 모두 서 있습니다. 밥그릇도 보이지 않네요. 그렇군요. 여긴 주막이 아닙니다. 바로 술집이지요. 그래서 제목도 「술집」입니다.

주막에서는 술은 물론 밥도 팝니다. 잠도 잘 수 있습니다. 그러나 술집은 술만 파는 곳이지요. 바로 여기처럼 말입니다. 그런데 손님들이 모두 앉아 있질 않고 서 있지요? 그래서 선술집이랍니다. 빨리 마시고 다음 사람에게 자리를 비켜줘야 하지요

지금도 이런 곳이 남아 있습니다. 서서 고기를 구워먹는 갈비집 말예요. 그래서 이름도 '서서갈비집' 입니다. 서서 먹는 만큼 값도 싸니까 주머니가 가벼운 사람들이 즐겨 찾지요.

주모는 술을 떠서 술잔에 담는 중입니다. 주모 앞의 술청에는 술잔 몇 개가 보입니다. 저렇게 한 잔씩 팔았거든요. 뒤쪽으로 선반과 뒤주 위에 가지런히 정리된 그릇이 보입니다. 아마 주모는 깔끔한 성격인가 봅니다.

주모는 술을 떠서 술잔에 담는 중입니다.

 무엇을 볼까요?

바둑판무늬 옷을 입은 남자의 정체

역시 빨간색은 강렬합니다. 눈에 확 띄잖아요. 가운데 젓가락으로 안주를 집는 사람 말입니다. 방금 술을 한잔 마셨나 보군요. 뭐 하는 사람이냐고요? 별감입니다. 궁궐에서 왕과 왕비를 모시는 사람이지요. 신분은 그리 높지 않았으나 왕을 가까이서 모셨기에 권세가 대단했습니다. 빨간색은 왕을 상징합니다. 왕을 모셨으니 빨간 옷을 입었지요. 별감은 신윤복의 그림에 자주 등장합니다. 다음에 볼 「싸움」에도 나오는데 그때 자세히 얘기할게요.

별감 뒤로 두 사람이 섰습니다. 오른쪽 사람은 얼굴도 크고 몸도 건장합니다. 짙은 구레나룻이 참 인상적이군요. 술도 아주 좋아하게 생겼습니다. 이 세 사람은 그림 한 가운데 있군요. 단골손님인가 봅니다.

조금 떨어진 오른쪽에 또 두 사람이 보입니다. 맨 오른쪽 사람은 옷차림이 아주 특이하군요. 별감 못지않게 특별한 사람 같은데요. 맞습니다. 나장이거든요. 의금부, 병조, 사헌부 같은 관청에서 일하는 사람이지요.

강렬한 빨간색이 눈에 확 띕니다.

특이한 옷차림의 이 남자는 누구 일까요?

죄인을 붙잡거나 문초하고 매질하는 일을 맡았습니다. 신분이 그리 높지는 않으나 역시 위세가 대단했습니다. 옷과 모자가 매우 특이하지요. 모자 이름이 참 재미있습니다. 깔때기라고 부르거든요. 정말 깔때기를 엎어놓은 것 같잖아요. 흰 줄무늬가 그려진 옷은 까치등거리라고 합니다. 등거리는 상의로 입는 홑옷을 말하는데, 그러고 보니 저 모양이 까치와 닮은 듯도 합니다. 모자와 웃옷 모두 이름과 모양이 특이합니다.

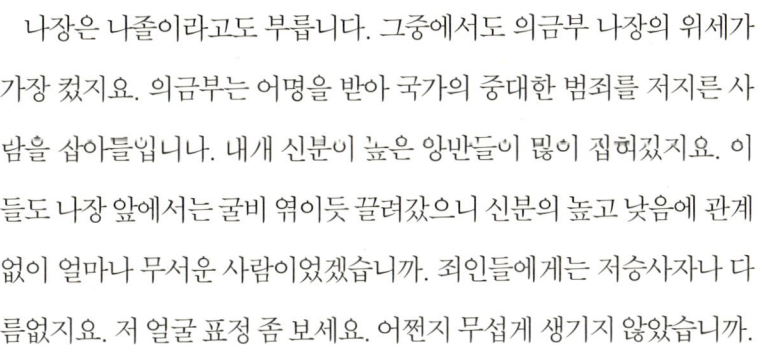

치켜 올라간 눈썹에 작은 눈, 볼록한 광대뼈가 이 사람의 직업을 말해주는 듯합니다.

나장은 나졸이라고도 부릅니다. 그중에서도 의금부 나장의 위세가 가장 컸지요. 의금부는 어명을 받아 국가의 중대한 범죄를 저지른 사람을 잡아들입니다. 내개 신분이 높은 양반들이 많이 잡혀갔지요. 이들도 나장 앞에서는 굴비 엮이듯 끌려갔으니 신분의 높고 낮음에 관계없이 얼마나 무서운 사람이었겠습니까. 죄인들에게는 저승사자나 다름없지요. 저 얼굴 표정 좀 보세요. 어쩐지 무섭게 생기지 않았습니까. 치켜 올라간 눈썹에 눈은 작습니다. 광대뼈도 볼록한 게 매서운 인상이군요. 신윤복은 나장의 역할을 얼굴에 잘 나타낸 것 같습니다.

> **의금부·병조·사헌부**
>
> **의금부(義禁府)**는 조선시대 특별 사법관청으로 금오, 금부라고도 하였습니다. 일반 범죄도 다스렸지만 주로 왕명을 받들어 역모 같은 중죄를 다스렸습니다.
> **병조(兵曹)**는 조선 시대 6조의 하나로 국방과 군사에 관한 일을 맡아 보던 기관입니다. 지금의 국방부과 같은 역할로 최고 책임자는 병조판서였습니다.
> **사헌부(司憲府)**는 정책을 의논하고 왕의 잘못된 언행을 충고하며 나쁜 일을 한 관리들을 적발하여 책임을 묻는 기관입니다.

 무엇을 볼까요?

저러다 시비 붙으면 어쩌지요

그림 오른편의 다섯 명은 모두 술집 손님들입니다. 이들은 함께 온 일행일까요? 여러분 생각은 어떻습니까? 일단은 그렇게 볼 수 있겠지요. 같이 술을 마시러 왔다가 별감은 한 잔 더 마시려 하고 나장은 어서 가자고 재촉하는 모습 같거든요.

그런데 달리 볼 수도 있습니다. 별감과 나장은 다른 일행이라는 말이지요. 별감 일행이 먼저 술 마시러 와서 자리를 잡았습니다. 나장은 지금에야 막 들어서는 참입니다. 두 사람 발끝이 모두 술청을 향했잖아요. 만약 빨리 가자고 재촉하는 모습이라면 발끝이 오른쪽을 향했어야지요.

새로 손님이 들어서면 미리 와 있던 사람은 자리를 내주어야 합니다. 그런데 별감 일행은 비켜줄 생각을 안 합니다. 그래서 나장 일행이 화가 난 게 아닐까요. 둘 다 손을 들어 뭐라고 하는 것 같잖아요.

"술 다 마셨거든 좀 비켜주시오."

실제로 저런 일 때문에 싸움이 잦았답니다. 다음에 볼 그림인 「싸움」이 담고 있는 내용이 바로 그렇거든요. 저러다 말시비가 붙으면 어떡하지요.

참, 맨 왼쪽에 한 사람 남았군요. 손님이 아니라 술집 일꾼입니다.

한 잔, 두 잔, 세 잔…… 일꾼은 열심히 술잔을 셉니다.

차림새부터가 볼품없잖아요. 허름한 옷차림에 맨상투를 틀었습니다. 신발도 짚신이고요. 그런데 일은 안하고 뭘 쳐다보고 있냐고요? 하하하, 이게 이 사람의 중요한 일 중 하나입니다. 지금 손님들이 마시는 술잔을 세고 있거든요. 그래야 나중에 술값을 제대로 받지요.

튼튼하게 잘 짜인 그림의 구도

수직과 수평으로 안정적인 구도를 이뤘습니다.

이 그림은 구도가 참 잘 찌였습니다. 우선 아래쪽에 지붕과 담장이 수평으로 든든하게 받쳐줍니다. 아주 안정된 느낌이지요. 그런 다음 일정한 간격으로 나란히 집의 기둥 세 개를 세웠습니다. 수평과 수직이 교차되는 절묘한 구도이지요.

사람들도 기막히게 배치했습니다. 왼쪽 기둥에 두 사람, 가운데 기둥에 세 사람, 그리고 오른쪽 기둥에 다시 두 사람. 가운데 세 사람이 중심을 잡고 양쪽으로 균형 있게 두 사람씩 나누어 놓았습니다. 아주 차분한 분위기입니다.

그런데 문제가 생겼습니다. 술 마시는 그림이 너무 차분하면 재미가 없잖습니까. 걱정 마세요. 담장 아래 활짝 핀 꽃이 해결해 줍니다. 마치 술에 취한 듯 빠른 붓놀림으로 슥슥 그렸잖아요. 색깔 또한 술 취한 사람 얼굴처럼 불콰합니다. 정말 술집 분위기가 물씬 풍기지 않습니까.

무엇을 볼까요?

신윤복이 찾아낸 옛 사람들의 '뒷모습'

어떤 사람들은 이 그림이 사회의 부조리를 풍자해 놓은 장면이라고 합니다. 벌건 대낮에 별감이나 나장 같은 관원들이 술을 마시러 다니는 세태를 비판했다고요. 하지만 왼쪽에 씌어 있는 글을 보세요. 전혀 그런 뜻으로 그린 게 아니라는 걸 알 수 있습니다.

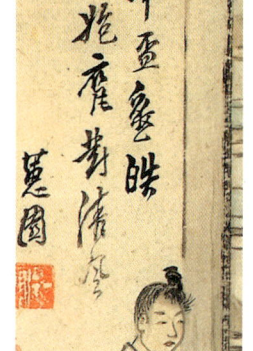

뭐라고 씌어 있는 걸까요?

> 술잔을 들어 밝은 달을 맞이하고
> 술 항아리 끌어안고 맑은 바람을 맞는다

여유롭게 술 마시는 모습을 묘사한 글입니다. 풍자하려 했다면 저런 글을 쓸 리가 없겠지요. 그렇긴 해도 낯선 그림인 것만은 분명합니다. 훤히 드러내기 쉽지 않은 장면을 그렸으니까요. 마치 담장 밖에서 몰래 훔쳐보는 느낌이 나는 까닭도 이 때문이지요. 이것 말고도 신윤복의 많은 그림이 그렇습니다. 사람들의 뒷모습에 더 많은 관심을 가졌다는 뜻이지요. 왜냐고요? 때로는 눈에 훤히 드러나는 것보다 드러나지 않는 것이 더 중요하기도 하니까요. 아마도 신윤복은 이런 장면을 담기 위해 조선의 골목골목을 발바닥이 닳도록 헤집고 다녔을 겁니다.

 옛날엔 이랬어요

옛날의 술과 술집

술은 꼭 필요한 음식이었습니다. 제사를 지낼 때도 빠지면 안 되었고 고된 농사일의 고통을 덜어주기도 했으며 잔치의 흥을 돋우기도 했지요. 중국 역사책에는 우리 민족이 음주가무를 매우 즐겼다는 기록까지 있습니다.

우리 술은 탁주, 청주, 소주 등 세 종류로 나뉩니다. 서민들이 즐겨 마신 술은 탁주입니다. 만들기도 쉬웠고 배고픔을 달래주기도 했으니까요. 탁주는 발효시킨 누룩에다가 꼬들꼬들한 밥을 섞어 만듭니다. 제대로 거르지 않아 색깔이 뿌옇습니다. 그래서 막걸리라고도 하지요. 청주는 탁주와 비슷한 방법으로 만듭니다. 다만 찌꺼기를 걸러내고 맑은 술만 떠낸 것이지요. 청주는 약주라고도 부릅니다. 가장 비싼 술은 소주입니다. 소주는 거르는 대신 불을 때어 증발하는 액체를 모아 만듭니다. 만드는 방법도 복잡하고 다른 술에 비해 곡식도 많이 들어갔기에 쉽게 구할 수 없었습니다.

술은 집에서 만들기도 했지만 보통 주막이나 술집에서 팔았습니다. 주막은 나그네들에게 술과 밥을 팔고 잠도 재워주는 곳이지요. 사람들이 잘 다니는 길목에는 주막이 많았습니다. 수원의 떡점거리(병점), 천안의 새술막, 경상도의 문경새재가 대표적인 곳입니다. 한양에 가려면 반드시 이런 곳들을 거쳐야 했거든요.

서울이나 평양 같은 큰 도시에는 술만 파는 술집이 많았습니다. 신윤복의 「술집」 그림에 나오는 장면이지요. 여기에는 돈푼깨나 있는 관원들이 들락거렸습니다. 요즘 술집에서는 술과 안주를 따로 시키지만 옛날에는 술을 한 잔 사면 두부나 고기, 생선 같은 안주가 공짜로 따라 나왔습니다.

신나는 중간놀이

흐트러진 마음을 다스리다

「투호」

우리 옛 그림 학교의 중간놀이 시간은 벌써 소문이 자자하더군요. 아까 입학식 때도 슬쩍 묻는 친구가 있었어요. 오늘 놀이는 뭐냐고요. 네, 오늘은 투호입니다. 여러분도 낯설지 않을 겁니다. 운동회 때도 가끔 하고 민속촌이나 한옥마을을 가도 어김없이 있더군요. 옛 분들이 즐겼던 놀이이니까요. 물론 『혜원전신첩』에도 있습니다. 남녀가 모여서 함께 즐기고 있던데……. 글쎄요, 화살 넣기가 그리 쉽진 않을걸요.

「투호」, 종이에 수묵담채, 28.2×35.6cm, 『혜원전신첩』에 수록, 간송미술관 소장

 무엇을 볼까요?

투호놀이는 어떻게 하는 걸까

그림의 제목도 「투호」입니다. 가운데 놓여 있는 화살과 병을 보면 대번에 알겠지요. 투호[投壺]는 말 그대로 '병'[壺]에 화살을 '던져 넣는'[投] 놀이입니다. 두 편으로 나누어 화살 길이의 두세 배 거리에서 던지는데 열두 번을 던져 병 안이나 옆에 달린 귀에 많이 넣는 편이 이기는 거지요. 던질 때 한쪽 어깨를 앞으로 내밀면 안 됩니다. 양쪽 어깨를 나란히 하고 팔만 이용해서 던져야 하지요.

투호는 일찍이 중국에서 전해졌습니다. 조선시대에는 궁궐 안에서 많이 즐겼지요. 나이 많은 어르신들의 잔치 때 흥을 돋우기 위해서도 자주 등장했습니다.『조선왕조실록』에도 투호에 대한 얘기가 많이 등장합니다. 겨울에는 격구, 봄·가을에는 활쏘기를 많이 했고, 투호는 주로 여름에 즐겼답니다.

놀이에 진 사람에게 주는 벌이 재미있습니다. 꼴찌는 일등한 사람의 말을 앞장서 끌면서 소리를 지르기도 했고, 이긴 사람의 술잔을 날라주기도 했으며, 심지어 얼굴에 먹칠까지도 당했습니다. 모두 웃고 즐기자고

『조선왕조실록』

조선 태조 때부터 철종 때까지 472년 25명의 왕이 다스리는 동안 역사적 사실을 각 왕 별로 기록한 책입니다. 왕이 죽으면 다음 왕이 실록청이라는 기관을 만들어 전 왕에 대한 여러 가지 기록을 수집해 편찬합니다. 실록은 내용이 방대하고 귀중하기에 전쟁이나 화재로 없어질까 염려하여 깊은 산 속인 정족산·태백산·적상산·오대산 등 여러 곳에 나누어 보관했습니다. 이 책은 조선시대의 정치·경제·문화·사회를 연구하는 데 꼭 필요한 중요 자료입니다. 그러나 너무 왕실 중심으로만 씌어 있어서 당시 전반적인 사회 상황이나 지방의 사정을 아는 데는 부족하다는 평도 있습니다.

> **격구**
>
> 조선시대에 무예의 한 과목으로 크게 성행했습니다. 경기자들이 말을 탄 채 격구봉을 들고 기다리고 있다가 구장 한복판으로 공을 던지면 양쪽에서 달려들어 공을 구문 밖으로 쳐냅니다. 이때 공을 밖으로 쳐낸 횟수가 많은 편이 이깁니다. 걸어 다니면서 궁궐이나 넓은 마당 곳곳에 파놓은 구멍에 공을 넣는 도보 격구도 있었습니다.

한 일이지요. 나이 많은 어르신들이 말을 끌거나 얼굴에 먹칠하는 모습을 생각하면 웃음이 절로 나오네요.

사실 투호는 재미를 위한 놀이가 아니었습니다. 마음을 다스리기 위한 놀이였지요. 화살을 병에 정확히 넣으려면 정신을 집중해야만 하니까요.

투호 솜씨가 어느 정도일까요

소매를 걷어 붙이고 화살 던지기에 집중합니다.

자, 이제 그림을 볼까요. 투호는 여름에 즐겼다고 했지요. 그림 속 계절도 여름입니다. 오른쪽에 자리 잡은 큰 나무 좀 보세요. 푸른 잎이 무성하잖아요.

뒤쪽 멀리 산도 보입니다. 야외로 놀러 나왔나 봅니다. 남자 넷 여자 하나, 모두 다섯 명이군요.

지금 막, 한 사람이 화살을 던지려 합니다. 투호놀이가 한창인 게지요. 화살을 던지는 사람의 신중한 태도가 잘 표현되었습니다. 오른쪽 소매는 걷어붙였네요. 갓도 벗었고 도포 끈조차 거추장스러워 옆으로 돌려놓았습니다. 역시 규칙대로 양쪽 어깨를 나란히 하고 팔만 앞으로 뻗어 던지는군요. 솜씨가 어느 정도냐고요? 병 주위를 잘 보세요. 화살 여섯 개가 병 속에 꽂혔고 땅에 떨어진 건 세 개입니다. 꽤 괜찮은 실력 같은데요.

　뒤에서 두 사람이 지켜보고 있습니다. 벌써 화살도 준비하고 있네요. 자기 차례를 기다리는 중이겠지요. 얄궂게도 선생님은 두 사람 속마음이 궁금해집니다. 지금 던지는 사람이 잘하길 바랄까요, 못하길 바랄까요?

　앞에서 보는 사람도 둘입니다. 담뱃대를 문 남자는 나이 들어 보이네요. 수염이 제법 길잖아요. 투호를 할 때는 나이를 가리지 않고 함께 어울렸던 모양입니다. 뒷짐을 진 채 담배를 문 모습이 참 여유롭습니다. 그 옆은 시중드는 여인입니다. 화살을 들고 건네 줄 채비를 하잖아요. 홍일점이네요. 그러고 보니 신윤복 그림은 참 특별합니다. 왜냐고요? 다른 투호 그림에는 모두 남자들뿐, 여인이 등장하는 경우는 없거든요. 신윤복은 기어이 여인을 그려놓았습니다. 다른

두 사람이 뒤에 서서 자기 차례를 기다리고 있습니다.

신윤복 그림에는 어김없이 여인이 등장합니다.

작자미상, 「투호」, 비단에 수묵담채, 58.8×41.5cm, 국립중앙박물관

화가들에게서는 찾아볼 수 없는 매력이지요. 『혜원전신첩』의 서른 작품 중에 여인이 안 나오는 그림은 단 한 점도 없습니다. 이게 바로 신윤복의 위대함입니다. 억눌려 살던 여인들에게도 따뜻한 눈길을 주었으니까요.

> **홍일점(紅一點)**
>
> 원래는 푸른 잎 가운데 피어 있는 한 송이의 붉은 꽃이란 뜻인데, 많은 남자들 사이에 끼어 있는 한 사람의 여자를 비유적으로 말합니다. 반대로 많은 여자들 사이에 끼어 있는 한 사람의 남자는 청일점이라고 합니다.

무엇을 볼까요?

신윤복의 그림과 다른 점은 무엇일까요

투호 그림은 몇 점 더 있습니다. 투호 놀이가 무척 유행했다는 뜻이겠지요. 누가 그렸는지 알 수 없는 왼쪽 그림의 제목도 「투호」입니다. 이 그림 속 배경은 야외가 아니라 어느 양반집 뒤뜰이로군요. 연못까지 파 놓은 걸 보니 제법 큰 집이네요. 투호는 이렇듯 집안에서 많이 즐겼다고 합니다. 이 그림에도 다섯 사람이 등장하는군요. 던지는 사람은 역시 오른쪽 소매를 걷었습니다. 병을 뚫어지게 쳐다보며 집중하는 모습이 인상적입니다. 맞은편에는 복건을 쓴 선비가 자기 차례를 기다리고 있습니다. 손에 든 화살 색깔이 다르군요. 맞은편 사람이 든 화살은 빨갛잖아요. 각각 자기 화살이 있었나 봅니다. 갓을 쓴 두 사람

김준근, 「투호 치는 모양」, 종이에 수묵담채 18.0×25.5 독일 함부르크 인류학 박물관

은 구경꾼입니다. 둘 다 담배를 물고 느긋하게 바라보네요. 가운데 있는 사람은 부채까지 들었습니다. 여름이라는 말이지요.

그런데 신윤복의 그림과는 결정적으로 다른 점이 있습니다. 벌써 찾았다고요? 네, 여긴 여인 대신 소년이 등장합니다. 화살 던지는 선비 옆에서 시중을 들잖아요. 다음번에 던질 화살을 대령하고 있습니다.

이 그림은 양반들의 풍류를 유감없이 보여줍니다. 연못까지 파놓은 넓은 집에서 한가로이 노는 모습이 연못에서 헤엄치며 한가로이 노니는 오리와 더불어 여유로운 분위기를 연출하고 있습니다.

구한말의 풍속화가 김준근의 투호 그림도 있습니다. 오른쪽 위에 아예 제목까지 한글로 써 놓았네요.「투호 치는 모양」이라고. 투호를 '던진다'가 아니고 '친다'라고 표현했던 모양입니다. 여기에는 여덟 명이 등장합니다. 역시 모두 남자로군요. 네 명씩 짝을 지어 마치 두 편으로 갈라선 것처럼 보입니다. 투호가 아무리 남녀노소 구별 없이 즐겼던 놀이라 해도 여전히 남자들이 주인공이었나 봅니다.

이젠 우리가 투호를 칠 차례입니다. 마음의 준비는 되었겠지요? 이 많은 사람들이 어떻게 한꺼번에 하냐고요? 걱정 마세요. 병도 화살도 충분하니까요. 그림처럼 소매를 걷고 정신을 집중하는 일만 남았습니다. 참, 그림에는 남자만 있었지요? 여학생이라고 빠질 생각 마세요. 누구나 한 번씩은 다 해볼 테니까요.

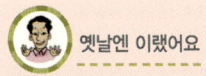 옛날엔 이랬어요

우리의 전통 놀이

옛 분들이 즐기던 놀이는 매우 다양합니다. 윷놀이, 투호, 고누, 쌍륙, 실뜨기, 바람개비, 줄다리기, 술래잡기 등은 지금도 여전히 즐기는 놀이이지요. 하지만 아예 잊힌 놀이도 많습니다. 몇 가지를 살펴볼까요?

'대말타기'는 대나무로 만든 긴 다리에 올라타서 걷는 놀이입니다. 나무의 굵기는 지름이 약 5센티미터, 길이는 1.5미터입니다. 긴 나무에 붙인 받침대에 올라타서 걷는데 누가 목표지까지 빨리 가느냐로 승부를 가립니다. 숙달되면 뒤로 걷기, 껑충껑충 뛰기, 밀어 넘어뜨리기 시합도 하지요.

'남승도놀이'는 가로 세로 1미터쯤 되는 종이에 우리나라의 명승지를 그려 넣고 주사위를 던져 나오는 수대로 누가 빨리 유람을 마치느냐로 승부를 가리는 놀이입니다. 경기도 서해안에서 출발하여 충청도, 경상도, 전라도, 황해도, 평안도, 강원도의 순으로 팔도를 한 바퀴 유람합니다. 중간에 귀양살이, 전쟁, 바람 등의 함정을 넣어 재미를 더합니다.

'풀싸움'은 들에서 하는 놀이입니다. 갖가지 풀잎을 뜯어 서로 감춘 다음, 돌아가면서 제 것을 하나씩 내어 상대방에게 그 풀이 없으면 점수를 따고 있으면 상대가 점수를 얻는 놀이입니다. 또 풀줄기를 서로 엇걸어 당겨 끊는 풀싸움도 있습니다.

'엿치기'는 엿을 사서 반으로 쪼개어 그 속에 난 구멍이 큰 사람이 이기는 놀이입니다. 둘 또는 여럿이 어울려 하는데 구멍이 가장 큰 사람에게 엿을 다 몰아줍니다.

제3교시

작은 쌈지를 열고 큰 공덕을 꺼내다
「탁발」

김홍도의 「시주」라는 그림 기억납니까. 염불 외는 스님 앞에서 한 여인이 돈 주머니를 여는 장면을 담은 그림이지요. 이런 모습은 굉장히 흔했나 봅니다. 신윤복의 그림에도 비슷한 장면이 있거든요. 대신 등장인물이 많습니다. 시주하는 여인들이나 탁발하는 스님들, 모두 떼 지어 모였거든요. 커다란 북까지 등장했습니다. 탁발이 아니라 신나는 놀이판이라도 펼쳐진 것 같습니다.

「탁발」, 종이에 수묵담채, 28.2×35.3cm, 『혜원전신첩』에 수록, 간송미술관

 무엇을 볼까요?

저렇게 큰 북을 본 적 있나요

무척 낯익은 그림입니다. 목탁을 치는 스님들하며 쌈지를 여는 여인의 모습, 김홍도의 「시주」와 비슷하잖아요. 맞습니다. 탁발을 나선 스님들에게 지나가는 여인들이 시주하는 장면을 담은 그림이지요. 에이, 그럼 볼 것 다 보았다고요? 천만에요. 너무 서두르지 말라니까요. 아직 생각해야 할 점이 많이 있거든요. 차근차근 뜯어 볼게요.

먼저 큰 북을 치는 사람입니다. 북이 무척 크지요? 들고 다니기조차 힘들겠는데요. 이건 법고라고 합니다. 절에서 예불이나 의식을 할 때 쓰는 북이지요. 그 광경을 보는 것도 굉장한 구경거리 중에 하나입니다.

김홍도, 「시주」, 종이에 수묵담채, 27.0×22.7cm, 『단원풍속화첩』에 수록, 국립중앙박물관 (중박 200906-250)

법고를 치는 사람은 스님입니다. 까까머리잖아요. 스님 모습이 참 재미있습니다. 북을 치려면 북을 바라봐야 할 텐데 눈길을 딴 데로 돌렸으니까요. 그래요, 여인들을 향했습니다. 「단오 풍경」에서 바위 뒤에 숨어 여인들을 훔쳐보는 스님들 생각이 나네요. 이 스님도 예쁜 여인들을 바라보는 걸까요, 아니면 여인이 쌈지에서 꺼내는 돈을 바라보는 걸까요.

아래쪽에는 고깔을 쓴 스님도 보입니다. 여인들 쪽으로 공손히 허리를 숙였습니다. 고맙다는 인사를 하는 거지요.

시주하는 여인에게 고마움을 표함니다.

 무엇을 볼까요?

왜 스님들의 머리가 길까요

여기까지는 익숙한 장면입니다. 그런데 문제가 생겼습니다. 수상한 사람들 때문이지요. 누구냐고요? 왼쪽에 나란히 서서 목탁과 광쇠를 두드리는 사람들 말입니다. 「시주」에 나오는 스님들도 비슷한 걸 들었잖아요. 요란한 소리로 지나가는 사람들을 끄는 거지요.

그런데 뭐가 이상하냐고요? 자세히 보세요. 둘 다 까까머리가 아니잖아요. 스님들이라면 당연히 머리를 깎아야 하는데. 더구나 스님들이 쓰는 고깔이나 송낙도 쓰지 않았습니다. 저 사람들이 쓴 건 패랭이(오른쪽)와 감투(왼쪽)이거든요. 패랭이를 쓴 사람은 수염까지 길렀습니다. 전혀 스님들 행색이 아닙니다. 이들은 대체 누구일까요?

여러분 혹시 동냥이라는 말 들어보았나요? 그래요. 거지들이 구걸

하는 일을 동냥이라고 하지요. 하지만 원래는 스님들이 탁발하는 걸 동냥이라고 했습니다. 스님들은 탁발을 하면서 종 모양의 법구인 요령을 흔들고 돌아다니는데 이를 '동령(動鈴)'이라고 합니다. 이 동령이 변해서 동냥이 된 겁니다.

이 수상쩍은 사람들은 누구일까요?

스님들이 마치 거지처럼 동냥을 하게 된 까닭이 있습니다. 조선시대에는 억불정책을 썼기 때문이지요. 억불정책이란 말 그대로 불교를 억누르는 정책입니다. 그러니 탁발인들 어디 쉬웠겠습니까. 동령을 흔들며 탁발하는 일이 구걸하는 동냥처럼 비참하게 된 거지요.

• 요령

절 살림은 갈수록 쪼들려갔습니다. 어쩔 수 없이 스님들은 기상천외한 방법을 생각해냈습니다. 뭐냐고요? 놀이패와 손을 잡은 겁니다. 조선시대의 대표적인 놀이패로는 사당과 남사당, 걸립이 있었습니다. 이들도 먹고사는 일이 힘들었기에 기꺼이 스님들과 힘을 합쳤습니다. 합동 작전으로 탁발에 나선 거지요.

이 두 사람이 바로 놀이패입니다. 놀이패는 춤과 노래에 능합니다. 그런 만큼 스님들

> **거사 · 사당패 · 걸립패**
>
> **거사(居士)**는 불교를 믿는 남자 신도라는 뜻입니다. 여자 신도는 보통 보살이라고 부르지요.
> **사당패**는 옛날에 전국 방방곡곡을 돌아다니면서 노래와 춤을 연기하며 생활하던 여자들의 무리를 말합니다. 남자들로만 이루어진 패는 남사당이라고 하지요.
> **걸립패**는 집집마다 돌아다니며 꽹과리를 치고 복을 빌거나 염불을 외며 동냥하는 패거리를 말합니다.

작자미상, 「탁발하는 스님」, 종이에 담채, 33.5×27.0cm

과 합쳐서 판을 벌이면 볼거리가 풍성해지겠지요. 많은 사람들이 모이면 시주도 많아지지 않겠어요?

 무엇을 볼까요?

머리털이 긴 사람이 또 있네요

이 사실을 뒷받침 해주는 그림이 있습니다. 「탁발하는 스님」이라는 작품입니다.

커다란 소나무 앞에 두 사람이 섰습니다. 왼쪽은 스님입니다. 버선발로 돗자리에 올라섰군요. 가사 스님들이 장삼 위에다 왼쪽 어깨에서 오른쪽 겨드랑이 밑으로 걸쳐 입는 옷를 걸치고 화려한 고깔도 썼습니다. 손에 든 것은 아까 말한 요령입니다. 어때요, 작은 종과 비슷하게 생겼지요. 저걸 흔들면서 사람들을 불러 모으는 겁니다.

오른쪽 사람이 좀 수상합니다. 장삼 검은 베로 만든, 길이가 길고 품과 소매를 넓게 지은 스님들의 윗옷을 입고 목에 염주도 걸었는데 모자가 이상하군요. 머리털과 수염도 덥수룩합니다. 스님 모습이 저럴 리 없지요. 그래

승무 장삼과 가사

작자미상, 「재인」, 종이에 수묵담채, 56.4×36.5cm

요, 이 사람이 바로 놀이패입니다. 생계를 위해 스님과 함께 탁발에 나선 거지요. 땅바닥에 모연문(募緣文)돈이나 물건을 기부하여 좋은 일을 하라고 권하는 글을 펴놓고 열심히 광쇠를 두드리는데 아직 일이 서툰 모양입니다. 옆에 선 스님이 자꾸 잔소리를 하는 것 같군요.

　물론 놀이패끼리 돌아다니는 경우도 있습니다. 「재인」이란 그림이 말해줍니다. 여기 나오는 남자를 보세요. 「탁발하는 스님」의 놀이패와 똑같은 차림이잖아요. 그런데 옆에는 여인이라고요? 맞습니다. 사당이란 바로 여자 놀이패를 뜻하니까요. 여인의 목에도 염주가 걸렸습니다. 서로 저쪽으로 가자고 손짓하는군요. 이렇게 돌아다닐 때는 절에서 받아 온 부적을 팔기도 했답니다. 물론 그 수입은 절과 나누었겠지요.

 무엇을 볼까요?

쌈지는 누가 열었을까요

각양각색, 다섯 여인이 모여 서 있습니다.

여인들은 모두 다섯 명입니다. 우르르 몰려다니는 걸 보니 양반집 부인은 아니겠지요. 옷차림과 동작이 모두 제각각이군요.

오른쪽 세 사람은 장옷을 입었습니다. 여인들은 외출할 때 저렇게 얼굴을 가려야 했거든요. 남자와 얼굴을 마주하면 안 되니까요. 우리에겐 이렇게 먼 옛날의 일이지만, 아랍에서는 아직까지도 여인들이 차도르(chador)나 히잡(hijab)을 쓰고 다녀야 한답니다.

한 사람은 뒷모습이고, 그 옆은 얼굴만 빠끔 내밀었습니다. 맞은편 여인은 장옷을 입는 둥 마는 둥 몸 전체가 드러났네요.

나머지 두 여인은 성격이 좀 괄괄한 것 같습니다. 파란 치마를 입은 여인은 장옷을 접어서 머리에 얹었습니다. 얼굴에 쓰고 다니기가 불편했던 걸까요. 흰옷 입은 여인은 아예 입지도 않았군요. 저러다 갑자기 남자를 만나면 어떻게 하냐고요? 걱정 마세요. 파란 치마 옆에 둥근 물건이 보이지요? 부채입

> **장옷과 쓰개치마 VS. 차도르와 히잡**
>
> **장옷**은 옛날 여인들이 나들이할 때에 얼굴을 가리려고 머리에서부터 길게 내려 쓰던 옷입니다. 초록색 옷감에 흰 끝동을 달았는데 보통 젊은 여인들은 청·녹·황색을, 늙으면 흰색을 썼습니다.
> **쓰개치마**는 부녀자가 나들이할 때 얼굴을 가리기 위하여 머리와 몸 윗부분에 쓰던 치마를 말합니다.
> **차도르(chador)**는 이슬람교 여성이 외출할 때 남에게 얼굴을 보이지 않기 위해 착용하는 온몸을 덮는 망토 형태의 검은 천입니다.
> **히잡(Hijab)**은 두건 모양의 천으로 얼굴을 내놓고 머리만 가리지요.

니다. 이걸로 필요할 때 얼굴을 가렸겠지요. 그런데 왜 부채를 남이 가졌냐고요? 쌈지에서 돈을 꺼내야 하니 잠시 맡긴 거겠지요. 성격은 괄괄해도 마음 씀씀이는 제일 컸나 봅니다. 다섯 명 중 유일하게 주머니를 열었으니까요.

괄괄해 보이는 여인이 쌈지를 열어 시주를 하려 합니다.

같은 여인들이라도 화가는 이렇듯 모두 달리 표현했습니다. 「단오 풍경」의 목욕하는 여인들도 그랬잖아요. 똑같은 모습을 그린다는 건 화가로서 자존심 상하는 일이지요. 보는 사람들도 지루합니다.

시주를 하면 돈을 버는 스님들만 좋은 일 같지요? 물론 절 살림을 꾸려나갈 수 있으니 스님들에게도 기쁜 일이지만, 사실 시주하는 사람에게 더 좋은 일입니다. 보시를 할 때마다 공덕을 쌓게 되니까요. 여는 것은 작은 쌈지이지만 꺼내는 건 큰 공덕입니다.

 무엇을 볼까요?

언제나 지켜보는 사람들이 있다고요

갓 쓴 양반의 눈길이 가는 방향은…… 바로 여인들입니다!

여긴 어디쯤일까요. 주위에 집이 안 보이는 걸 보니 성 밖이겠지요. 조선시대에는 스님들의 성안 출입을 금했다고 하니까요. 그래도 사람들이 자주 지나다니는 길목이겠지요.

아래쪽 갓 쓴 양반이 재미있습니다. 길을 가던 중이었는데 무심결에 고개를 돌렸습니다. 가만 보세요. 눈길이 어디로 향했는지. 법고가 아니라 여인들 쪽이군요. 요란한 법고 소리보다 말없는 여인들이 더 눈길을 끌었나 봅니다.

오른손에는 무얼 들었다고요? 차면선(遮面扇)입니다. 얼굴을 가리는 물건이지요. 이걸 들고 다니면서 여인들을 만나면 내외를 했지요. 내외가 뭐냐고요? 예전에는 남녀가 서로 마주보는 일을 꺼렸답니다. 그런데 양반이 일부러 고개를 돌려 쳐다보다니. 발끝은 왼쪽을 향했는데 고개는 오른쪽으로 틀었습니다. 선비 체면 때문에 은근슬쩍 돌아보는 모습을 재치 있게 표현했군요.

차면선

신윤복의 그림을 보다보면 한 가지 공통점이 있습니다. 꼭 누군가 지켜보는 사람을 그려 넣었다는 점이에요. 「단오 풍경」에서는 훔쳐보는 스님들, 여기서는 이 선비, 다음에 볼 「싸움」에서는 기생이 지켜보는 사람 역할을 맡았습니다. 「술집」에는 없었다고요? 천만에요. 눈에 보이지 않을 뿐이지요. 마치 담장 밖에서 누군가 술집 안을 몰래 들여다보는 것처럼 그렸잖아요.

앞으로 나올 그림들도 잘 살펴보세요. 거기서 혹시 신윤복의 얼굴을 발견하게 될지도 모릅니다. 거의 모든 그림마다 마치 화가 자신이 그 속에 들어가서 지켜보는 것처럼 상황을 만들어 놓았으니까요.

 더 알아보아요

불전사물(佛前四物)

북, 장구, 징, 꽹과리를 사물놀이라고 하듯이 불교 의식에 쓰이는 네 가지 독특한 악기를 따로 '불전사물'이라 부릅니다. 여기에는 법고, 운판, 목어, 범종이 포함되지요.

법고(法鼓)는 커다란 북입니다. 불법을 전하는 북이라는 뜻이지요. 보통 소가죽으로 만드는데 불교에서는 살생을 금하기 때문에 죽은 소의 가죽을 씁니다. 북의 몸통에는 용무늬를, 가죽에는 태극무늬를 그려 넣지요. 북을 칠 때는 마음 심(心)자를 그리며 두 개의 북채를 번갈아 두드립니다. 법고 소리는 땅 위에 사는 짐승들에게 가르침을 줍니다.

운판(雲版)은 청동이나 철로 만든 구름무늬 모양의 넓은 판입니다. 판의 윗부분에는 보살상을, 아래에는 승천하는 용이나 구름, 달 등을 새겨 넣었습니다. 처음에는 절의 부엌에 달아 놓고 공양 시각을 알리는 데 사용되었지만 점차 예불 용구로 변했지요. 운판 소리는 날짐승에게 가르침을 줍니다.

 **목어(木魚)**는 굵은 통나무를 물고기 모양으로 다듬은 것으로 배 안쪽을 막대기로 두드려 소리를 냅니다. 물고기는 눈을 감지 않으므로 수행하는 스님들도 물고기처럼 잠자지 말고 도를 닦으라는 암시를 담고 있습니다. 목어 소리는 물에 사는 동물들에게 가르침을 줍니다.

범종(梵鐘)은 절에서 쓰는 커다란 종을 가리킵니다. 원래는 절에서 사람들을 불러 모으거나 때를 알려주는 데 쓰였는데 그 소리가 아주 신묘하여 불교의식에도 쓰이게 되었습니다. 보통 종각을 만들어 매달아 놓습니다. 범종 소리는 지옥에 있는 중생들을 구제한다고 합니다.

제4교시 자유토론
거 봐, 그러기에 덤비지 말랬지
「싸움」

흔히 예술은 아름답다고 말합니다. 그러니 그림도 고상하고 아름다운 소재가 환영받았지요. 산수화, 사군자, 화조화가 모두 그렇잖아요. 자연스레 상스럽고 추한 소재는 기피했습니다. 그런데 오히려 추한 장면을 다룬 그림도 있습니다. 대체 무얼 그렸냐고요?

싸움하는 장면입니다. 도포를 벗어젖히고, 머리가 헝클어지고, 갓은 두 동강이 나고, 옷은 흙투성이가 되었습니다. 정말 적나라합니다. 과연 싸움은 누가 했을까요. 어디서 어떻게 했을까요. 궁금하지 않나요?

「싸움」, 종이에 수묵담채, 28.2×35.3cm, 『혜원전신첩』에 수록, 간송미술관

 함께 얘기해봐요

싸움을 한 사람은 누구일까요

옛날에도 싸움은 있었습니다. 사람들 사는 곳에는 늘 다툼이 있게 마련이지요. 큰 전쟁도 일어나는 판인데.

옛날 사람들은 어떻게 싸웠는지 정말 궁금해요. 사실 저도 엊그제 친구랑 싸웠거든요. 다행히 말리는 친구들이 있어서 큰 싸움으로 번지지는 않았지만요. 싸우면서도 누가 말려주기를 얼마나 바랐는데요. 그냥 보기만 하는 친구들이 얄미웠어요.

저런, 다친 데는 없나요? 가만히 구경만 하는 친구들은 정말 나쁘지요. 하기야 일부러 싸움을 붙이는 친구들도 있던데요, 뭘. 옛말에 싸움은 말리고 흥정은 붙이라고 했는데. 그나저나 옛 사람들은 어떻게 싸웠는지 궁금하지요? 다행히(?) 신윤복이 그림으로 남겨두었습니다. 빨리 구경해야겠네요. 세상에서 가장 재미있는 볼거리가 불구경, 싸움구경이라잖아요.

아이 참, 싸움은 말려야 된다면서요. 선생님께서 그러시면 어떡해요.

앗! 들켰네, 속마음을. 말려야 한다면서도 보고 싶고, 나쁘다 하면서도 궁금한 게 싸움이잖아요. 어쩌나, 바로 이 그림이 그런 내용인데.

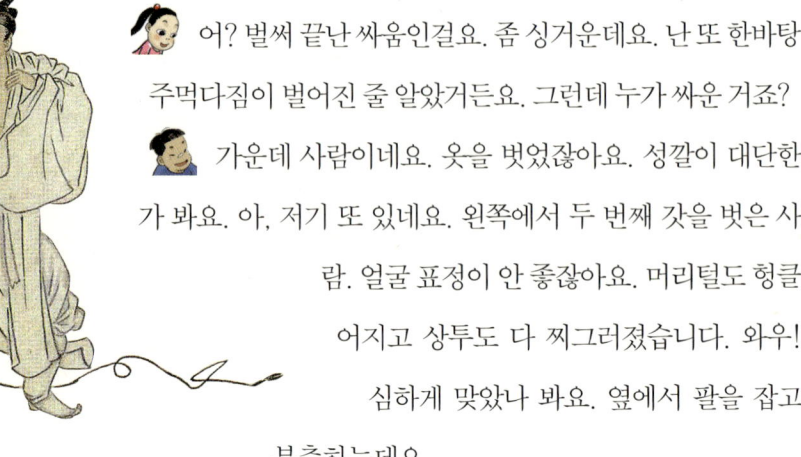

● 싸움 때문에
흥분했는지 옷까지 벗어
젖혔습니다.

🙂 어? 벌써 끝난 싸움인걸요. 좀 싱거운데요. 난 또 한바탕 주먹다짐이 벌어진 줄 알았거든요. 그런데 누가 싸운 거죠?

🙂 가운데 사람이네요. 옷을 벗었잖아요. 성깔이 대단한가 봐요. 아, 저기 또 있네요. 왼쪽에서 두 번째 갓을 벗은 사람. 얼굴 표정이 안 좋잖아요. 머리털도 헝클어지고 상투도 다 찌그러졌습니다. 와우! 심하게 맞았나 봐요. 옆에서 팔을 잡고 부축하는데요.

🙂 제대로 봤습니다. 그 두 사람이 싸웠지요. 크게 한바탕했나 본데요. 주위에는 구경하는 사람도 있고 말리는 사람도 보입니다. 그런데 누가 이겼을까요?

🙂 가운데 옷 벗은 사람이잖아요. 얼굴도 말끔하고 다리를 떡 벌린 모습이 당당해 보여요. 벗어 놓았던 옷을 보란 듯이 다시 입고 있고요.

● 상대편은 머리가
헝클어지고 상투도
다 찌그러졌습니다.

🙂 생김새도 야무져요. 저런 사람에게는 덤벼보았자 질 게 뻔해요.

🙂 그러게요. "거 봐, 내가 까불지 말랬지"라고 말하는 듯해요. 땅바닥에 길게 늘어진 도포 끈도 재밌어요. 그만큼 상황이 다급했나 봐요.

 함께 얘기해봐요

빨간 옷을 입은 남자는 누구일까요

선생님, 빨간 옷을 입은 저 사람 말이에요. 「술집」그림에서 본 사람 같은데 여기 또 나왔어요. 별감이라고 그랬죠? 옷 색깔이 정말 화려해요!

난 또 심판인 줄 알았는데……. 빨간 옷이 마치 레드 카드 같잖아요.

이 빨간 옷은 무관들이 즐겨 입던 것으로 철릭이라고 해요. 색깔이 참 곱지요. 머리에는 노란 초립을 썼습니다. 맞습니다, 이 사람이 그 유명한 별감입니다.

저번 옛그림학교에 왔었는데, 그때 「대쾌도」라는 그림에서도 본 기억이 나요. 옛 그림에 자주 등장하는 사람이네요.

「술집」에도 등장했던 '별감'이 이 그림에도 나옵니다.

「대쾌도」에 나왔던 걸 기억하다니…… 눈썰미가 대단하군요. 신윤복의 풍속화에도 자주 등장하는데 기생들과 더불어 단골 모델이에요. 그만큼 기생들과 관계가 깊다는 뜻이기도 합니다. 별감은 궁궐에서 일한다고 했지요. 특히 대전별감의 위세는 대단했습니다. 왕을 가까이서 모셨으니 그럴 만도 했지요. 그런데 별감이 하는 일이 또 하

유숙, 「대쾌도」, 종이에 채색, 105×54cm, 1846, 서울대박물관

나 있었습니다. 특이하게도 기방(妓房)까지 운영했거든요.

 기방이요? 그게 뭔가요?

🧑 기생들이 시중을 드는 술집이지요. 그런 만큼 남자들이 많이 드나들었고 술에 취한 사람들끼리 싸움도 자주 일어났습니다. 이렇게 험한 곳이니 무술 솜씨도 뛰어나고 권세도 있는 별감들이 운영하기에 딱 맞는 일이지요.

👧 이제 알 만하네요. 그럼, 저기 담뱃대를 물고 문 앞에 선 여인이 기생이겠어요. 뒤에 보이는 집이 바로 기방이고요.

👦 그렇군요. 기방에 술 마시러 왔던 사람들끼리 싸움이 붙었나 봐요. 그래서 기방 주인인 별감이 나서서 뜯어 말리고요.

👦 싸움이 붙으면 무서울 텐데, 이걸 바라보는 기생의 표정이 아무렇지 않은 것이 신기해요. 담뱃대까지 빼어 물고 오히려 느긋하게 즐

기는데요. 하도 많이 봐서 무섭지도 않나 봐요.

맞습니다. 여러분이 말한 그대로입니다. 추리력이 대단하군요. 싸움은 이미 끝났고 혹시 문제가 생길까 봐 별감이 나서서 뒷수습을 하는 중입니다. 관아에 고발해 문제가 커지면 골치 아프잖아요. 이런 싸움은 자주 일어났나 봐요. 비슷한 그림이 또 있거든요. 김홍도가 그린 「기방의 풍경」이라는 그림입니다.

담뱃대를 물고 선 여인은 기생입니다.

어, 이 그림에선 기방 안까지 훤히 들여다보이는데요. 방 안에 술을 마시려고 기다리는 손님들과 기생이 보여요. 댓돌 위에 나란히 놓인 신발 세 켤레도 눈에 쏙 들어와요. 가만, 싸움은 어디에서 벌어졌나? 아, 저 아래쪽인가 봐요.

여긴 난리가 났어요! 서로 멱살까지 잡고요. 고래고래 고함소리가 들리는 것 같아요.

대문 좀 보세요. 일하는 아주머니가 뭔 일인가 싶어 고개를 내밀었어요. 개까지 나서서 컹컹 짖어대네요. 보다 못한 기생이 포졸을 불렀나 봐요. 요즘도 싸움이 일어나면 경찰서에 신고하잖아요.

그래요. 여긴 좀 더 실감나게 싸우는군요. 이보다 더 실감나는 그림도 있습니다. 김준근의 「싸움」입니다. 서로 치고 받는 장면이 그대로 나오잖아요. 싸움은 볼 만한 구경거리였음이 분명합니다. 그러

김홍도, 「기방의 풍경」, 종이에 채색, 80.5×44.6cm, 『사계풍속도 병풍』 중 제2폭, 18세기, 프랑스 기메박물관

김준근, 「싸움」, 종이에 수묵, 각 23.2×16.0cm, 숭실대박물관

니까 화가들이 즐겨 그렸겠지요.

갓으로 풀어 보는 싸움의 사연

 나머지 두 명은 누구일까요. 맨 왼쪽과 오른쪽에 갓 쓴 사람들 말이에요.

아무래도 싸운 사람들과 함께 온 일행이겠지요. 그런데 누가 누구 편일까요?

● 진 사람 옆에 서 있지만 표정에 여유가 감도는 것이 이긴 사람의 친구 같습니다.

🧒 왼쪽에 갓 쓴 양반은 이긴 사람 편 같습니다. 둘 다 수염이 났으니 비슷한 연배잖아요.

👦 맞아요. 지금 맞은 사람을 달래는 중이지요. 승자의 아량이라고나 할까? 그런데 오른쪽에 쪼그려 앉은 사람은 뭐죠?

👧 자세히 보면 꼴이 말이 아니에요. 옷은 흙투성이고, 얼굴도 빨갛고요. 맞아서 그런 걸까요, 술을 많이 마신 걸까요. 뭘 줍고 있네요.

🧒 갓이에요. 완전히 두 동강이 났지만……. 아주 격렬한 싸움이었군요. 망가진 저 갓은 누구 것일까요?

👦 싸움에 진 사람 것이겠죠. 머리 좀 봐요. 아주 엉망이잖아요. 맞을 때 갓도 함께 망가졌나 봐요.

👧 그럼 갓을 줍는 사람은 진 사람과 한편이겠네요. 싸움이 끝났으니 물건을 챙겨야 하잖아요.

👧 그러고 보니 둘 다 수염도 없잖아요. 나이도 비슷하니 한편이 맞나 봐요.

● 구석에 쪼그리고 앉은 이 사람은 누구일까요?

🧒 글쎄요. 제 생각은 좀 다른데요. 별감의 왼쪽 허리춤을 자세히 보세요. 뭔가 둥근 물건이 보이죠? 이것도 갓 아닐까요. 별감이 진 사람을 다독이면서 갓을 챙겨주는 것 같아요.

🙂 망가진 갓은 이긴 사람 것이라는 말인가요?

🙂 그럴지도 몰라요. 같이 멱살을 잡고 싸웠다면 아무리 이겼더라도 뭐가 하나쯤은 망가졌을 게 아니겠어요? 지금 이긴 사람 갓도 어디 갔는지 안 보이잖아요.

별감의 옆구리께에 보이는 이 둥근 물건은 진 사람의 갓 같습니다.

🙂 이긴 사람의 갓이 저렇게 망가졌다고요? 에이, 말도 안 돼요.

🙂 저는 이렇게 생각해 봤어요. 맨 처음 싸움이 붙은 건 왼쪽의 부축 받고 있는 사람과 오른쪽에 갓을 줍는 사람이에요. 갓을 줍는 사람은 술에 많이 취했고요. 얼굴 좀 보세요. 불콰하잖아요. 이러니 상대가 되겠어요? 금방 땅바닥에 나뒹굴었지요. 옷에 묻은 흙이 이 사실을 말해준다고요. 그러다가 뒤늦게 같은 편이 달려온 거예요. 지금 옷을 입는 사람 말이에요. 다시 이 사람과 왼쪽 사람이 맞붙었죠. 결국은 왼쪽 사람이 두들겨 맞고 쫓겨 가는 모습인 거예요.

🙂 오, 그렇게 볼 수도 있겠네요. 선생님은 생각도 못했는데. 자세한 사건의 내막은 화가만이 알겠지요. 그런데 어쩌지요. 죽은 사람은 말이 없으니.

왜 이런 상스런 그림을 그렸을까

이 그림에도 신윤복 특유의 구도가 살아 있습니다. 신윤복은 색깔도 많이 썼지만 구도 역시 소홀히 여기지 않았거든요. 이미 「단오풍경」이나 「술집」에서 맛보았잖아요. 여긴 또 어떤 장치가 숨었을까요?

음, 왼쪽에 세 사람, 오른쪽 세 사람, 이렇게 나뉘었습니다. 그런데 비율이 맞질 않아요. 왼쪽 세 사람이 있는 곳은 좁고, 오른쪽은 삼각형을 이루는 넓은 공간이니까요.

왼쪽은 싸움에 진 사람 쪽이니 공간을 좁게 해서 보는 사람들에게 안 되었다는 느낌을 주었고, 오른쪽은 이긴 사람이 있으니 공간을 넓게 만들어 당당한 느낌을 유도한 건 아닐까요? 더구나 이긴 사람이 한 가운데를 떡하니 차지하고 있잖아요. 의도적으로 이렇게 한 게 틀림없어요.

듣고 보니 그런 것도 같네요.

저는 기생이 눈에 띄어요. 옆으로 나란히 늘어선 남자들보다 한참이나 위로 솟아 있는데다가 파란 치마도 인상적이고요. 이긴 사람 말고 또 하나의 주인공이 기생이란 걸 잊지 않았던 것 아닐까요?

이런 생각도 해봤어요. 대문 입구가 사각형 모양이잖아요. 기생이 사각형 안에 서 있는 게 마치 텔레비전 화면 안에 들어가 있는 듯해

요. 드라마의 주인공이라도 된 것처럼. 안 그런가요?

그것도 그렇네요. 와, 하여간 여러분의 상상력은 정말……. 선생님이 따라가질 못하겠어요. 이러다가 여러분이 선생님이 되고 선생님이 학생이 되겠어요.

참 이상해요. 원래 그림은 멋진 장면을 그리는 거 아닌가요? 곱고 화려한 꽃이나 고상한 사군자, 아니면 아름다운 풍경처럼요. 그런데 신윤복은 싸우는 모습을 그렸어요. 이런 것도 그림의 소재가 되나요?

🧑 그렇네요. 「단오 풍경」에서는 벌거벗은 여인을, 「술집」에서는 술 마시는 모습을 그리더니 드디어 싸움질까지. 너무 막 나가는 건 아닌가요?

🧑 하하하, 이게 신윤복 그림의 매력이자 가치입니다. 이런 그림을 평범한 화가는 상상이나 했을까요? 하지만 마음속으로 원하기는 했을 겁니다. 다만 다른 화가들은 드러내지를 못하였지요. 신윤복이 과감하게 상식을 깨뜨린 겁니다.

🧑 김홍도 역시 그랬는데 신윤복은 한발 더 나아간 것 같아요. 어떻게 골목에서 일어난 싸움질까지……. 신윤복의 상상력과 용기가 놀라워요.

🧑 그게 진정한 예술가의 마음가짐 아닐까요. 앞으로도 이런 그림을 계속 보게 될 테니 기대해주세요.

 더 알아보아요

기세 등등 화려한 별감

별감은 궁궐의 각종 심부름과 행사 일을 담당하는 관원입니다. 임금의 명령을 전달하기도 했고, 임금이 쓰는 붓과 벼루는 물론 모든 궁궐 문의 열쇠와 자물쇠도 관리했습니다. 꽃밭을 가꾸거나 궁궐을 청소하는 일도 별감들의 몫이었지요.

별감은 어느 곳에서 근무하느냐에 따라 여러 종류로 나뉩니다. 임금의 거처인 대전에서 일하는 대전별감, 왕비의 거처에서 일하는 왕비전별감, 그리고 동궁에서 일하는 세자궁별감 등이 있었지요. 따로 왕의 호위를 맡았던 무예별감도 있습니다. 별감의 수는 모두 100여 명이었습니다.

이들은 중인 신분이지만 임금을 가까이서 모셨기에 권세가 대단히 높았습니다. 웬만한 양반쯤은 상대도 되지 않았지요. 그래서 권세를 믿고 남을 괴롭히는 일이 많았다고 합니다. 통행금지를 어기고 밤에 마음대로 돌아다니다가 이를 잡는 포교나 포졸을 때리고 임금의 친척에게까지도 행패를 부렸다는 기록이 있을 정도이니까요.

특히 별감은 화려한 복장으로 유명했습니다. 붉은색 철릭을 입고 그 속에 다시 파란색이나 보라색 옷을 받쳐 입었습니다. 모자는 노란 초립인데 그 위에 호랑이 수염을 꽂았습니다. 의궤도 그림을 보면 왕의 행차 때 빨간 옷을 입고 가마 주위를 둘러싼 별감들을 쉽게 찾아 볼 수 있습니다.

 보충학습

옛날에는 색을 어떻게 만들었을까

우리나라의 기본 색깔은 오색(五色), 즉 다섯 가지였습니다. 파랑, 빨강, 노랑, 검정, 하양이지요. 이를 오방색(五方色)이라고도 불렀는데 색을 방위에 맞추었기 때문입니다. 파랑은 동쪽, 하양은 서쪽, 빨강은 남쪽, 검정은 북쪽, 노랑은 중앙을 뜻합니다.

색을 맛에 비유하기도 했는데 파랑은 신맛, 하양은 매운맛, 빨강은 쓴맛, 검정은 짠맛, 노랑은 단맛입니다. 색마다 다양한 상징을 붙인 것이지요. 옛 그림에는 오방색을 주로 썼으며 이걸로 세상의 모든 이치를 설명할 수 있다고 보았습니다. 궁궐이나 절에 칠하는 단청도 오방색입니다.

그런데 옛날에는 색을 어떻게 만들어 썼을까요. 지금처럼 화학 물감이 없던 시절이니 색을 구하는 일은 쉬운 일이 아니었지요. 신윤복의 「단오 풍경」에는 오방색이 모두 나옵니다. 「단오 풍경」을 보면서 오방색에 대해 더 알아볼까요?

우리나라의 기본 색깔은 오색입니다. 각각 방위를 나타내서 오방색이라고도 합니다.

○ 빨강

　빨간색은 주사라는 광석에서 얻었습니다. 주사는 중국에서 나는 돌인데 붉은색을 띱니다. 이걸 곱게 빻아서 아교와 섞어 사용하는데, 아교를 섞어야 종이에 잘 붙기 때문입니다. 또 홍화 꽃에 든 색소를 녹여내어 붉은색을 만들기도 했습니다. 이 색깔은 여자들이 얼굴에 바르는 연지와 같다고 해서 연지색이라고도 했습니다.

신윤복의 「단오 풍경」에는 오방색이 다 들어 있습니다. 여인의 치마에는 빨간색이 쓰였습니다.

○ 노랑

　노란색은 등자나무에서 뽑은 수액으로 만듭니다. 등자나무는 열대지방에서 자라는데 고무를 채취하듯 수액을 뽑습니다. 이를 잘 말린 후 다시 갈아서 물에 개어 사용하지요. 이밖에도 노란색은 치자, 울금 같은 식물에서 얻었습니다.

저고리는 노란색으로 칠했군요.

○ 파랑

　쪽이라는 풀은 초록색인데 잎을 말리면 파란색으로 변합니다. 이를 물에 우려낸 다음 잿물을 부어서 파란색을 만들지요. 쪽에서 뽑은 색쪽에서 얻어낸 파란색이 치마를 푸르게 물들였습니다.

은 오래 지나도 변하지 않고 빛깔도 고와 옷감을 물들이는 데 많이 사용되었습니다. 또 파란색은 남동광이라는 광물을 갈아서 얻기도 했습니다.

○ 하양

여인의 속곳은 호분으로 하얗게 칠했고요.

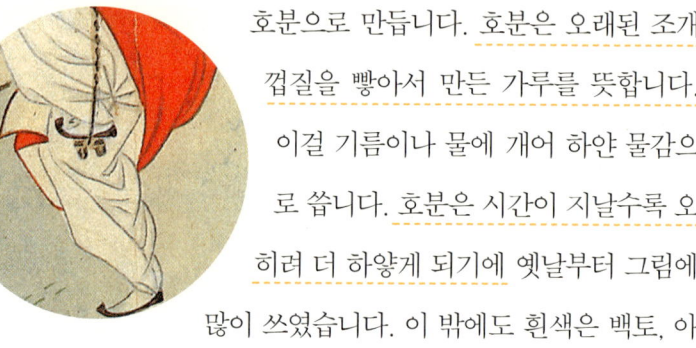

호분으로 만듭니다. 호분은 오래된 조개껍질을 빻아서 만든 가루를 뜻합니다. 이걸 기름이나 물에 개어 하얀 물감으로 씁니다. 호분은 시간이 지날수록 오히려 더 하얗게 되기에 옛날부터 그림에 많이 쓰였습니다. 이 밖에도 흰색은 백토, 아연, 운모 같은 광물질에서도 얻었지요.

○ 검정

검정은 먹을 갈아서 얻으므로, 검정 하면 곧 먹을 뜻합니다. 먹은 그림은 물론 붓글씨를 쓰는 데도 꼭 필요했습니다. 옛 분들은 먹 만으로도 오색을 표현할 수 있다고 여길 만큼 중요한 색으로 쳤습니다. 먹의 주원료는 그을음입니다. 그을음은 주로 소나무나 오동나무를 태워서 얻습니다. 여기에다 탄소, 아교, 향료 등을 섞어서 먹을 만들지요. 먹을 갈 때 좋은 냄새가 나는 것은 바로 향료 때문입니다.

　오방색 외에 녹색도 매우 중요했습니다. 녹색은 공작석을 빻아 아교 물을 섞어서 만듭니다. 색깔의 진하기에 따라 두록, 이록, 삼록으로 나뉘는데 두록이 가장 짙고 삼록은 옅습니다. 옛 그림 중에 녹색을 주로 사용한 산수화를 '청록산수화'라고 따로 칭해 부릅니다.

먹으로는 탐스러운 머리털을 촘촘히 그려냈습니다.

작자 미상,
「어초문답도」,
비단에 채색,
58.7×43.0cm

둘째 날

바람 따라 물 따라 풍류를 즐기자꾸나

제1교시

점잖은 양반이 저래도 되나

「연꽃과 가야금」

풍류라는 말, 들어 보았습니까? 좋은 곳에서 멋스럽게 노니는 일을 말하지요. 풍류는 선비들에게 공부만큼 중요한 일이었습니다. 무조건 논다기보다는 마음을 닦는 또 하나의 방법이었으니까요.

좋은 음악을 듣고 예쁜 꽃을 보는 일도 풍류입니다. 신윤복은 이를 그림으로 남겼습니다. 경치 좋은 곳에 모여서 가야금을 듣고 활짝 핀 연꽃을 보는 장면이지요. 으흠, 그런데 도가 좀 지나친 양반도 있군요. 미꾸라지 한 마리가 온 개울물을 흐린다던데…….

「연꽃과 가야금」, 종이에 수묵담채, 28.2×35.2cm, 『혜원전신첩』에 수록, 간송미술관

나무 아래로 살짝 기와가 보입니다.

🔍 무엇을 볼까요?
여긴 어디일까요

풀도 나무도 무성합니다. 여긴 숲 속일까요. 아니, 나무 뒤로 희미하게 돌담이 보이는군요. 성벽을 쌓은 듯 반듯합니다. 그 아래 나무 두 그루가 있습니다. 오른쪽 나무의 잎 모양은 무척 낯이 익네요. 그렇습니다. 「단오 풍경」에서처럼 나뭇잎을 삼각형으로 그렸군요.

나무 밑은 두 단으로 쌓은 석축입니다. 역시 자를 대고 그린 듯 반듯합니다. 가만, 오른쪽에도 뭔가 보이는군요. 아니, 잎이 뾰족한 나무 말고 그 아래 말입니다. 기와 같다고요? 맞습니다. 두 단으로 돌을 쌓고 벽을 세운 다음 기와를 얹은 담입니다. 그렇다면 여긴 집 안이라는 뜻이군요.

맨 아래쪽도 보세요. 잎이 아주 넓은 식물이 보이지요. 연꽃입니다. 연꽃은 물에서 자라잖아요. 그러니까 여긴 연못이 되는 거지요. 두부 썰듯 반듯하게 자른 돌로 네모난 연못을 파 놓았습니다. 저렇게 기와 얹은 돌담을 쌓고, 석축을 세우고, 연못까지 만들 정도면 보통 집이 아닙니다. 큰 부자들이나 높은 벼슬을 하는 양반이 사는 저택이지요.

지금은 한창 더운 여름입니다. 어떻게 아냐고요? 연꽃을 보면 알지요. 너른 연잎 사이사이로 붉은 연꽃이 보이잖아요. 연꽃은 여름에 피거든요. 그래도 시원한 나무 그늘 아래 돗자리를 폈으니 그리 더워 보이지는 않습니다. 땅바닥에 푹신한 풀까지 깔려 있어 아늑한 느낌마저 듭니다.

연꽃이 핀 모양새를 보니 계절은 여름입니다.

무엇을 볼까요?
특이한 모자를 쓴 여인은 누구일까요

이젠 사람들을 살펴볼 차례이군요. 남자 셋, 여자 셋으로 짝도 꼭 맞습니다. 뭘 하는 사람들인지 무척 궁금합니다. 먼저 오른쪽에 가야금을 뜯는 여인이 눈에 띄네요. 가야금 한쪽 끝은 무릎 위에 올려놓고 반대쪽은 바닥에 내렸습니다. 왼손으로 줄을 누르고 오른손 엄지와 검지로 줄을 튕겨서 소리를 내는 중이지요.

한창 연주가 무르익었나 봅니다. 맞은편에 앉은 양반이 열심히 듣고 있습니다. 옷차림 좀 보세요. 구슬로 된 갓끈에 붉은색 도포 띠를 매었습니다. 벼슬이 아주 높다는 표시입니다. 풍채도 당당합니다. 얼굴에는

여인이 연주하는 악기는 가야금입니다.

둘째날 | 바람 따라 물 따라 풍류를 즐기자꾸나 | 83

지체 높아 보이는 양반은 열심히 음악을 감상합니다.

기품이 철철 넘칩니다. 죽부인에 몸을 기대고 긴 담뱃대를 문 채 느긋하게 앉은 모습이 여유롭기 짝이 없습니다. 조급한 마음으로는 풍류를 즐길 수가 없지요. 팔자 좋은 양반의 전형적인 모습입니다.

바로 앞에 놓인 물건은 종처럼 생겼다고요? 화로입니다. 여름철에 불을 쬐기 위해 화로를 놓았을 리는 없겠지요. 예, 저 화로는 담뱃불을 붙이는 데 쓰입니다. 담배를 피울 때마다 일일이 부싯돌을 쓰자면 번거롭기 짝이 없잖아요.

두 사람 사이에 특이한 모자를 쓴 여인이 앉았군요. 졸업식 때 쓰는 학사모처럼 생겼다고요? 하하하, 이건 가리마입니다. 혹시 「대장금」이라는 TV 드라마를 본 적 있나요? 이 드라마에서 주인공 대장금은 여자 의원, 즉 의녀로 나옵니다. 의녀들이 쓰던 모자가 바로 가리마이지요. 그러니 이 여인도 틀림없는 의녀입니다.

그런데 의녀가 왜 여기 있냐고요? 누가 아파서일까요? 아닙니다. 의녀들은 나중에 기생 역할까지 하게 되니까요. 기생들이 많이 모자랐거든요. 그래서 의녀들을 '약방기생'이라고 불렀답니다.

자연스레 여인들의 정체가 밝혀졌군요. 그렇습니다. 여기 있는 여

드라마 「대장금」에서 의녀 장금이가 쓰고 다니던 모자를 쓴 여인이 있네요.

인들은 모두 기생입니다. 기생들은 나라에서 일부러 양성했지요. 궁중 행사 때 춤, 노래, 연주로 흥을 돋우는 일을 할 사람이 필요했으니까요. 하지만 이런 큰 행사는 드물었기에 평소에는 돈 많은 부잣집에도 불려 다녔지요. 물론 그 대가로 전두나 연폐를 받았습니다. 돈을 많이 받자면 기생들은 음악과 춤 솜씨가 뛰어나야 했습니다. 평소에도 연습을 많이 했겠지요. 「거문고 줄 고르기」라는 그림이 그런 장면입니다.

기생들은 재주꾼이었습니다. 유명한 황진이가 그랬잖아요. 황진이

> **전두와 연폐**
> **전두(纏頭)** 광대, 기생, 악공 등에게 그 재주를 칭찬하여 사례로 주는 돈이나 물건.
> **연폐(宴幣)** 궁중 또는 각 관아의 잔치에 참여한 예기(藝妓)나 하인에게 주던 금품.

「거문고 줄 고르기」의 부분, 비단에 채색 28.2×19.1cm(전체), 『여속도첩』에 수록, 서울 국립중앙박물관(중박 200906-250)

는 비록 기생 신분이지만 서경덕, 박연폭포와 더불어 '송도삼절(松都三絶)'이라고 불릴 만큼 대단했습니다. 춤과 노래는 물론 글씨와 문장에도 능해 웬만한 양반들도 함부로 대할 수 없었지요. 하찮은 신분이지만 자존심만큼은 드높았습니다.

 더 알아보아요

송도삼절(松都三絶)—박연폭포·황진이·서경덕

송도는 지금 북한의 개성입니다. 송도는 고려의 옛 도읍지로 역사가 깊은데 그만큼 유명한 곳도 많습니다. 특히 박연폭포는 개성을 대표하는 명승지입니다. 정선, 강세황 같은 옛 화가들도 박연폭포를 그림으로 남겼지요. 개성의 명물은 또 있습니다. 바로 기생 황진이와 학자 서경덕입니다.

황진이는 재주와 미모를 겸비한 조선 최고의 기생으로 이름을 떨쳤습니다. 노래, 춤, 가야금 연주 솜씨도 최고로 꼽혔고 학문도 뛰어나 선비들과 함께 시를 지으며 대화를 나누었다고 합니다. 그래서 뭇 남성들이 황진이를 흠모했는데 특히 30년간 벽만 바라보고 수행하던 지족스님까지 그 미모에 감탄해서 파계한 일은 유명합니다. 아, 파계가 뭐냐고요? 간단히 말하면 스님으로 살겠다고 한 맹세를 저버리는 것이지요.

서경덕(1489~1546)은 조선 중기의 대학자입니다. 열여덟 살 때 『대학』이라는 책을 보다가 크게 깨달아 학문의 길로 들어섰습니다. 어머니의 부탁 때문에 여러 번 과거시험에 급제하였으나 벼슬길에는 나가지 않고 일생 동안 학문을 닦았습니다. 특히 당대의 대학자인 이율곡과 세상의 이치에 관하여 편지를 주고받으며 논쟁한 일화는 유명합니다. 서경덕은 황진이의 유혹에도 끝내 넘어가지 않았다고 합니다.

이 때문에 박연폭포, 아름다움과 예술로 이름 높던 황진이, 그리고 학문과 인격이 대단했던 서경덕이 송도삼절, 즉 개성의 명물 세 가지로 불리게 되었습니다. 괄시받던 기생 신분인 황진이가 대학자와 어깨를 나란히한 건 대단한 일이었습니다.

 무엇을 볼까요?

양반이 저래도 될까요

아주 대담한 장면이 눈에 띄네요. 물론 「단오 풍경」에서도 벌거벗은 여인들을 보았지만 어찌 보면 훨씬 파격적인 모습입니다. 아예 두 남녀가 끌어안고 있으니까요. 보는 사람까지 쑥스러울 지경입니다. 점잖은 양반이 저래도 되나 모르겠군요. 남들은 가야금 듣느라 정신없는데 점잖지 못하게시리.

이런 장면 역시 신윤복이 그린 것이 최초이자 유일합니다. 다른 화가들은 상상조차 못한 대담한 발상이지요. 그냥 조용히 가야금 연주를 감상하는 장면이나 그리면 될 텐데 왜 이런 장면을 넣었냐고요? '신윤복 표' 그림이니까요. 평범한 그림에 이런 모습을 하나 그려 넣으니 활력이 펄펄 넘치잖아요. 그림이 막 살아서 달려듭니다.

남자 옆에 이상한 물건이 보이지요. 이건 사방관인데 양반들이 집안에서 쓰는 모자입니다. 물론 이 양반이 벗어놓았지요. 다른 두 남자는 갓을 썼는데 이 남자만 사방관이라? 그렇지요. 여기가 바로 이 사람 집이라는 뜻입니다. 그래서 저렇듯 편하게 행동하는 겁니다.

옆에서 갓 쓴 남자가 내려다보는 중입니다. 뒷짐을 지고 양발을 여

● 대낮부터 낯 뜨거운 장면이 연출되고 있습니다.

덟 팔자(八字)로 벌렸습니다. 전형적인 양반들의 자세이지요. 역시 풍채가 당당합니다. 옷차림도 고급스럽습니다. 자주색 도포 띠에 길게 늘어진 구슬 갓 끈은 이 사람이 높은 벼슬에 있다는 걸 말해주지요. 여인을 끌어안은 양반이 부러운 걸까요, 못마땅해서 쳐다보는 걸까요. 선생님은 잘 모르겠네요. 모두 앉아 있으면 구도가 단순해지니까 이렇게 서 있는 사람을 하나 그려 넣어 변화를 주었습니다.

• 부러운 건지, 못마땅한 건지 모를 표정으로 집주인과 기생 커플을 쳐다보고 있습니다.

 무엇을 볼까요?

연꽃을 곁에 심고 바라본 까닭은

• 연꽃은 진흙 속에 뿌리를 내리지만 더러움에 물들지 않은 아름다운 꽃을 피워 올립니다.

한 가지 더 볼 게 남았습니다. 연못에 핀 연꽃이지요. 선비들은 연못을 만들면 꼭 연꽃을 심었습니다. 그럴 만한 까닭이 있지요. 연꽃은 진흙 속에 뿌리를 내리고 살지만 더러움에 물들지 않고 예쁜 꽃을 피웁니다. 순결한 마음을 지녔지요. 게다가 연꽃 줄기는 속이 텅 비었고 겉은 쭉 뻗어서 곧게 자랍니다. 욕심 없는 마음과 꼿꼿한 태도를 상징하지요. 또 연꽃을 뜻하는 '연'(蓮)은 연속을 뜻하는 '연'(連)과 소리가 같습니다. 연달아 귀한 자식을 얻거나 과거에 합격하

기를 바라는 뜻도 담겼지요. 또한 뿌리가 퍼지면서 마디마다 잎과 꽃이 자라니 집안의 번성을 기원하는 뜻도 들었습니다. 그래서 연꽃을 심어놓고 즐겨 감상했지요.

이 그림은 원래 「청금상련(聽琴賞蓮)」이란 제목으로 널리 알려져 있습니다. 가야금을 들으면서 연꽃을 감상한다는 뜻이지요. 이건 선비들이 즐기던 풍류였습니다. 「선비들의 모임」이라는 그림을 보세요. 역시 네모반듯한 연못 안에 연꽃이 활짝 피었잖아요. 그 옆에서 바둑도 두고 시도 읊으며 풍류를 즐기는 것입니다. 연꽃처럼 순결한 마음을 갖고 싶어서이지요.

옛 사람들의 풍류

풍류(風流)라는 말은 처음 신라의 화랑도에서 비롯되었습니다. 화랑들은 도의로써 몸을 닦고 노래와 춤으로써 서로 즐기며 이름난 곳을 찾아 수련했는데 이를 풍류라고 했습니다. 조선시대에도 역시 자연과 어울리면서 시 짓기, 음주가무, 철학적인 토론을 즐기는 고상한 태도나 생활을 풍류라고 했습니다. 나중에는 단지 술을 마시고 재미있게 노는 것을 가리키는 말로 변하기도 했습니다.

작가미상, 「선비들의 모임」, 종이에 수묵담채, 109.3×52.4cm, 국립중앙박물관

 무엇을 볼까요?

과연 양반들의 생활을 비판한 걸까

그런데 이 그림에서는 순결한 마음이 생길 틈이 없군요. 양반들이 여인들과 너무 즐겁게 놀고 있기 때문일까요. 아마 조금 전 술도 한잔 마셨을 것이고, 덕택에 몸과 마음도 확 풀어졌을 겁니다. 오른쪽 위에 씌어 있는 글의 뜻이 이렇거든요.

자리에는 손님들이 많고
술 단지에는 술이 비지 않았으니 (걱정할게 없다)

「술집」과 마찬가지로 즐겁게 노는 걸 예찬하는 내용입니다. 여인을 끌어안은 채 아무 걱정 없이 즐거움에 푹 빠진 집주인의 마음을 그대로 보여줍니다. 그렇다면 신윤복이 방탕하게 노는 양반들을 꼬집으려는 의도일까요?

천만에요. 「술집」에서도 낮에 술 마시러 다니는 관원들을 비판할 뜻이 없었듯이 여기에서도 마찬가지입니다. 태평스런 글귀가 말해주잖아요. 등장하는 양반들을 보세요. 모두 풍채가 당당하고 품위 있는 차림새입니다. 오히려 자랑스러워 보이는군요. 그렇습니다. 신윤복은 즐거움에 빠진 양반들의 풍류를 있는 그대로 보여주려 했습니다.

이런 모습은 「뒤뜰에서의 연회」라는 그림에서도 찾을 수 있습니다. 이건 자랑도 비판도 아닌 그들의 일상입니다. 소문에 따르면 신윤복은 이곳저곳 떠돌아다니면서 살았다고 합니다. 그 역시 뛰어난 그림 솜씨 덕분에 양반들과 어울리면서 이런 풍류를 마음껏 즐겼던 게 틀림없습니다. 그러니 비밀스럽게 뒤뜰에서 벌어지는 양반들의 생활 모습

작자미상, 「뒤뜰에서의 연회」, 비단에 수묵담채, 52.8×33.1cm, 국립중앙박물관

을 속속들이 그릴 수 있었던 게지요.

 옛날엔 이랬어요

양반들이 쓰던 모자

갓은 흑립이라고도 하는데 양반들의 상징으로 외출할 때 주로 썼습니다. 대개 말총으로 만들며 돼지털이나 가는 대나무도 씁니다. 특히 갓끈은 산호, 수정, 유리, 호박 등 값비싼 보석을 꿰어 만들기도 하는데 이를 보고 신분을 짐작할 수 있었습니다.

사방관은 망건 위에 쓰는 네모반듯한 상자 모양의 관으로 방건, 방관이라고도 합니다. 고운 말총이나 검은 비단으로 만듭니다.

정자관은 평상시 집안에서 쓰던 관으로 위는 터진 산 모양으로 둘 또는 세 개의 층으로 되었습니다. 중국 송나라 때 정자가 썼다고 해서 정자관이라고 부릅니다. 갓은 좀 거추장스러웠기에 집안에서는 주로 정자관을 썼습니다.

복건은 검은 헝겊으로 위는 둥글고 뾰죽하게 만들었으며, 뒤에는 넓고 긴 자락을 늘어지게 대고 양옆에는 끈이 있어서 뒤로 돌려 매었습니다. 벼슬을 하지 않은 유생들이 주로 썼으며 요즘에는 돌잔치 때 사내아이들이 쓰기도 합니다.

제2교시

속세를 잠시 떠나 즐기는 신선놀음
「뱃놀이」

옛 분들은 유난히 물을 좋아했습니다. 『도덕경』이라는 책에는 '상선약수(上善若水)'라는 말까지 있거든요. '으뜸가는 선은 물과 같다'라는 뜻으로, 물을 최고의 선으로 본 것이지요. 당연히 물에서 노니는 그림을 많이 그렸습니다. 그저 가만히 물을 바라보거나 발을 살짝 담그는 장면도 있지만 배를 띄우고 적극적으로 물과 만나는 장면도 있지요. 뭍을 떠난 배는 복잡한 세상과도 이별입니다. 잠시라도 세상의 시름을 잊는 겁니다. 신선놀음이 따로 없었지요.

「뱃놀이」, 종이에 수묵담채, 28.2×35.3cm, 『혜원전신첩』에 수록, 간송미술관

 무엇을 볼까요?

갈매기는 어디쯤 날고 있나요

초음속 비행기를 타고 고급 호텔에 묵으면서 돌아다니는 여행이 좋기도 하겠지만 배를 타고 천천히 즐기는 여행을 최고로 치는 사람도 있습니다. 여행의 목적은 빠르고 편하고자 하는 게 아니라 자신을 되돌아보는 일이기 때문이지요. 망망대해를 헤쳐 가는 배 여행의 색다른 맛에 빠져드는 겁니다.

여기 강물에 띄운 조그만 배가 있습니다. 여덟 명이 타니 꽉 차버렸네요. 한 사람만 더 있었더라면 큰일 날 뻔했군요. 그래도 제법 분위기를 냈습니다. 대나무 기둥을 세워 햇볕 가리는 차일까지 쳤잖아요. 비록 망망대해를 항해하는 긴 여행은 아니지만 사람들 얼굴에는 즐거운 표정이 역력합니다.

강에는 잔물결이 일렁이는군요. 시원한 강바람이 부나 보네요. 위쪽의 나뭇잎도 따라 흔들리겠지요. 역시 모양이 삼각형입니다. 신윤복 특유의 나뭇잎을 묘사하는 방법이군요. 뒤쪽으로 커다란 바위가 병풍처럼 받쳐줍니다. 오른쪽에 글씨가 씌어 있군요. 마치 바위에 새겨놓은 것 같습니다. 이름난 관광지에는 글씨를 새겨놓은 바위가 많잖아요.

신윤복 특유의 삼각형 모양 나뭇잎이 바람결에 흔들립니다.

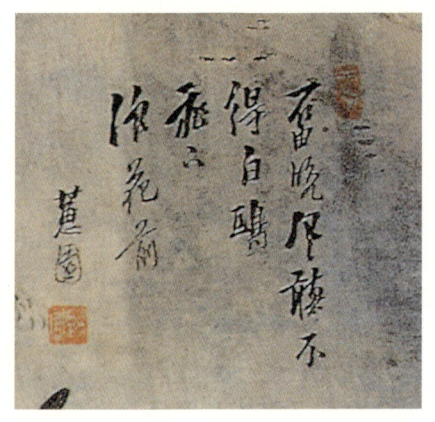

● 뭐라고 씌어 있는 걸까요?

이렇게 그림 속에 써 넣은 글을 '제발(題跋)' 이라고 합니다. 서양화에는 없는 독특한 요소이지요. 뭐라고 씌어 있냐고요?

대금 소리는 늦바람 때문에 들리지 않고
갈매기는 꽃물결 속으로 떨어지네

대금 부는 총각은 저기 보이는데 갈매기는 아무리 찾아도 없네요. 멀리 그림 밖에서 날아다니나 봅니다. 보는 사람들 마음을 그림 밖으로까지 끌어내는 장치입니다. 감상의 폭이 그만큼 넓어지지요. 물론 별다른 뜻이 없는 글일 수도 있습니다. 옛 분들은 옛 시에서 비슷한 구절을 따서 쓰는 경우도 많았거든요. 아까 「연꽃과 가야금」에 나온 글도 중국의 공융이라는 사람이 쓴 시에서 따온 것입니다. 그래도 이런 시 한 구절 덕분에 뱃놀이 기분을 만끽하게 되네요.

공융(孔融, 153~208)
중국 후한 말기의 학자로 공자의 20대손이며 자는 문거입니다. 태수 벼슬을 지내면서 학교를 세우고 유학에 힘썼으며 풍류를 좋아해 주위에 항상 손님이 가득하고 술이 떨어지지 않았다고 합니다. 황건적의 침입 때 삼국지로 잘 알려진 유비의 도움을 받기도 했으나 나중에 조조를 비판하다가 죽음을 맞았습니다. 저서로 『공북해집』이 있습니다.

 무엇을 볼까요?

누가 놀고 누가 일하는 중일까요

여자는 셋인데 남자는 다섯 명입니다. 짝이 맞질 않

네요. 아무래도 두 사람은 놀이에서 빠져야겠는데…… 누굴 빼지요? 먼저 왼쪽에 삿대를 잡은 사람입니다. 보나 마나 뱃사공이지요. 힘주어 배를 밀고 있으니까요. 뱃사공은 신분이 아주 낮았습니다. 망건도 없는 맨상투에 차림새도 볼품없군요. 그래도 배에 안 태울 수는 없습니다. 사공이 없는데 배가 가나요.

허름한 행색의 뱃사공이 배를 물고 있습니다.

한가운데 대금 부는 총각도 보이네요. 열대여섯 살쯤 되어 보일까, 키도 훤칠하고 얼굴도 잘생겼습니다만 역시 신분이 낮은 종입니다. 양반집에서는 악기를 다루는 종을 한두 명씩 두었거든요. 관청에 소속된 전문 악사들은 필요할 때 맘대로 쓸 수도 없고 부른다 해도 비용이 만만찮았으니까요. 이렇게 잘생긴 소년이 평생을 종으로 살아야 한다니 참 안타깝습니다. 이 사람도 뺄 수는 없습니다. 대금 소리가 없는데 흥이 날까요.

잘생긴 소년이 대금을 붑니다.

그나저나 뱃사공과 대금 부는 소년을 제외하니 짝이 딱 맞아 떨어지네요. 남자 셋, 여자 셋. 어?「연꽃과 가야금」에도 세 쌍의 남녀가 있었는데, 이 그림은 속편인 셈인가요. 다만 남자들이 좀 젊어졌습니다. 여인들은 역시 기생이겠지요. 왼쪽에 앉은 짝부터 볼까요.

여인은 두 손을 물속에 담갔습니다. 강에 오면 누구나 한 번쯤은 저

여인의
푸른 치마가 시원스럽고
양반의 눈길이
여유롭습니다.

러고 싶은 마음이 들지요. 보는 사람도 시원합니다. 파란 치마도 시원해 보이네요. 그러고 보니 물결도 파랗고 차일도 파랗습니다. 화가도 여기만큼은 빨강, 노랑 같은 화려한 색을 자제했습니다. 시원한 느낌을 망칠 수 있으니까요. 옆에서 남자가 바라봅니다. 새침한 기생이 서먹서먹해할까 봐 자꾸 말이라도 붙여보는 걸까요. 그래도 서두르지 않습니다. 턱을 손에 괴고 지그시 바라보는 눈길에는 여유로움이 넘쳐흐릅니다. 세 명의 양반들 중 가장 젊은데도 말입니다. 두 사람 다 앉았습니다. 구도를 맞추기 위한 방법이지요. 모두들 서 있는데 이 둘마저 서 있다고 가정해 보세요. 얼마나 밋밋하겠습니까. 그러니까 「연꽃과 가야금」과는 반대인 셈이네요. 거긴 모두 앉았고 한 사람만 서 있었으니까요.

두 번째 짝도 볼까요. 오른쪽 말입니다. 갓도 삐뚜름하게 쓴 남자가 여인의 어깨에 손을 살짝 올렸습니다. 살갑게 담뱃대까지 입에 물려주는군요. 왼쪽 남자와는 달리 여인을 대하는 솜씨가 남다릅니다. 붙임성이 좋나 봅니다. 나이도 좀 더 들어 보이는군요.

오른쪽의
이 짝은 더
다정해 보입니다.

 무엇을 볼까요?

이 양반은 왜 혼자 떨어져 있을까요

나머지 한 쌍은 어디 있을까요. 아, 저기 있군요. 오른쪽 뱃전에 앉아 생황을 부는 여인과 차일 밑에 우두커니 서 있는 남자, 이들이 한 쌍입니다. 그

이 두 사람은 서로 서먹하니 떨어져 앉았습니다.

런데 왜 저렇게 멀리 떨어져 있을까요. 이산가족처럼 말이지요. 서로 싸웠냐고요?

남자의 옷차림을 잘 보세요. 「연꽃과 가야금」에서도 이 사람이 서 있는 위치쯤 한 양반이 서 있었지요. 옷 색깔도 비슷한데 다른 점이 한 가지 있습니다. 이 남자의 도포 띠는 하얀색이거든요. 이건 상을 당한 사람의 차림입니다. 요즘은 부모님이 돌아가시면 삼일장을 치릅니다만 옛날에는 무려 삼년상을 치렀지요. 하던 벼슬까지도 그만둬야 했습니다. 예외 없이 3년 동안 시묘(侍墓)부모의 상 중에 3년간 무덤 옆에서 움막을 짓고 사는 일를 살았거든요. 김준근의 「효자 거묘 살고」라는 그림처럼 말입니다. 돌아가신 분 무덤가에 움막을 짓고 삼시 세끼 밥까지 꼬박 챙

김준근, 「효자 거묘 살고」

기자면 놀러간다는 걸 어디 엄두나 낼 수 있었겠어요. 그런데 이 사람 보세요. 상중인데도 뱃놀이까지 나왔습니다. 행실이 바르지 못한 사람이라고요? 글쎄요. 얼굴을 보아하니 꽤 점잖은 양반입니다. 피치 못할 사정이라도 있는 모양이군요. 그래도 뭔가 켕겼나 봅니다. 다른 양반들과 달리 기생들을 멀리했습니다.

　기생도 눈치 챘는지 일부러 멀리 떨어져 앉아 생황만 불어대는군요. 생황은 가야금, 거문고와 더불어 기생들이 즐겨 연주하던 악기입니다. 신윤복은 따로 「생황 부는 여인」이라는 멋진 그림도 그렸습니다. 이 여인도 당연히 기생이겠지요. 연꽃이 활짝 핀 어느 여름날입니다. 마루에 걸터앉은 기생 한 명이 생황과 담뱃대를 번갈아 입에 물고 있습니다. 그 모습이 한갓지기도 하지만 어쩐지 서글퍼 보이기도 합니다. 어차피 기생은 매여 사는 몸이니까요. 「뱃놀이」에 나오는 여인의 마음도 진배없겠지요.

생황

「생황 부는 여인」, 비단에 담채, 29.7×28.2, 국립중앙박물관 (중박 200906-250)

 무엇을 볼까요?

왜 이렇게 뱃놀이를 즐겼을까요

지금 배 위에서는 온갖 소리의 향연이 벌어졌습니다. 철썩거리는 물결소리, 배가 삐걱대는 소리, 낮게 날다가 다시 솟구치는 갈매기 소리, 언뜻 언뜻 부는 바람소리, 게다가 끊임없이 이어지는 생황과 대금 소리. 이들 소리의 향연 속에 뱃놀이의 여흥은 익을 대로 익었습니다.

뱃놀이를 그린 그림은 이밖에도 많습니다. 특히 심사정의 「선유도」라는 작품이 유명하지요. 선유(船遊)는 뱃놀이의 한자말입니다.

여긴 바다로군요. 사나운 파도가 일렁이고 있습니다. 오른쪽 사공은 젖 먹던 힘까지 짜내어 삿대질을 합니다. 그런데 이상하네요. 앞에 탄 두 명의 선비는 태평스럽기 짝이 없으니까요. 느긋한 자세로 물을 바라볼 뿐입니다. 배 오른쪽에 실은 물건들 좀 보세요. 반듯한 책상 위에 몇 권의 책, 꽃병에 꽂힌 매화 한 송이, 괴상하게 생긴 고목, 그리고 그 위에 살짝 앉은 학 한 마리. 도무지 꿈틀대는 파도와는 어울리지 않는 것들이군요. 당연합니다. 「선유도」의 물은 선비들이 꿈꾸는 이상향이니까요.

노자가 쓴 『도덕경』이라는 책에 "물은 최고의 선이다. 만물을 이롭게 하고 서로 다투지 않는다"라는 말이 있습니다. 중국 주나라의 강태공이 때를 기다리며 낚시질하던 곳도 물이었고, 진나라의 어부가 무

심사정, 「선유도」, 종이에 수묵담채, 27.3×40.0cm

릉도원을 찾아갈 때도 배를 탔지요. 그렇습니다. 물은 오로지 흥겹게 노는 장소만은 아닙니다. 뱃놀이는 마음을 닦는 수양의 한 방편이기도 했지요. 「선유도」의 배에 실린 물건들은 모두 고고한 정신을 상징합니다. 그러니 파도가 거센들 무서워할 까닭이 없겠지요.

   선비들은 물만 보면 안달할 수밖에 없었지요. 놀이 중에서도 뱃놀이를 최고로 쳤고, 신선놀음이라고 부르기도 했어요. 뱃놀이라면 만사

> **『도덕경』**
> 노자가 지은 중국의 고대 철학책입니다. 원래는 저자인 노자의 이름을 따서 『노자』라고 했습니다. 『도덕경』에는 자신의 이익만을 탐하는 지배층과 너무 형식에 치우치는 유교를 비판하며 모든 일은 본성대로 흘러가도록 내버려두자는 무위사상(無爲思想)을 강조하였습니다. 하지만 이 책을 실제로 노자가 썼는지 또 언제쯤 썼는지는 확실하지 않습니다.

제쳐놓고 달려들었습니다. 많은 돈을 들여서라도 제대로 뱃놀이 한 번 해보는 게 소원일 정도였으니까요. 그래서 모두들 배를 타고 물로 나왔습니다. 이걸 신윤복은 빠뜨리지 않았습니다. 양반들 놀이의 핵심을 제대로 본 거지요.

 옛날엔 이랬어요

고달픈 기생들의 삶

　기생들을 다른 말로 해어화(解語花)라고 합니다. 말을 알아듣는 꽃이란 뜻이지요. 이 말 속에는 아름답다는 뜻이 숨었지만 한편으로는 꼼짝없이 남이 시키는 대로만 해야 한다는 뜻도 들었습니다. 그만큼 기생들의 삶은 고달팠습니다.

　기생은 나라에서 양성했습니다. 크고 작은 행사에 노래를 부르거나 춤을 추거나 악기를 연주하는 사람이 꼭 필요했기 때문입니다. 이런 일은 천한 신분의 사람들이 맡았습니다. 당연히 기생들은 천한 노비신분이지요. 어떤 왕은 기생들이 춤출 때 일부러 화장을 두텁게 시켰다고 합니다. 천한 기생의 맨얼굴을 바라보는 일조차 수치스럽다고 여겼기 때문이라나요.

　기생은 서울의 경기(京妓)와 지방의 관기(官妓)로 나뉘었습니다. 또 바느질을 담당하는 침선비와 의술을 맡은 의녀도 기생에 속했습니다. 이들은 보통 기생들보다는 더 나은 대접을 받았습니다. 서울의 경기는 궁궐의 잔치에서 흥을 돋울 때 동원되었습니다. 지방의 관기는 각 고을의 크고 작은 행사에 필요했지요.

　기생은 천한 신분이었지만 일반 백성들이나 노비들보다는 품위를 갖추었답니다. 그래서 보통 여자들이 누릴 수 없는 호사를 누렸지요. 온갖 화려한 옷차림과 장식을 할 수 있었으니까요. 말을 타고 다닐 수도 있었고 값비싼 비단옷과 노리개, 그리고 금은보화로 장식한 가체도 썼습니다. 심지어는 양반가의 부인들마저 기생들의 옷차림을 따랐다고 합니다.

신나는 중간놀이

오늘은 내가 마부로소이다

「봄나들이」

날씨가 참 좋지요. 이런 날은 그냥 보내기 아까운데……. 밖으로 나가자고요? 하하하, 우린 마음이 통했나 봅니다. 안 그래도 그럴 참이었거든요. 예쁜 꽃도 보고 파릇한 풀도 밟아 봐야지요. 이런 것도 훌륭한 공부잖아요.

옛 분들도 그랬습니다. 화창한 봄날이면 만사 제쳐놓고 나들이를 떠났습니다. 겨우내 움츠렸던 몸과 마음을 활짝 펴는 거지요. 우리도 당장 떠나는 겁니다. 예, 오늘 중간놀이는 꽃놀이입니다. 저기 산자락에 울긋불긋 핀 꽃을 보니 벌써 엉덩이가 들썩들썩하네요.

「봄나들이」, 종이에 수묵담채, 28.2×35.3cm, 『혜원전신첩』에 수록, 간송미술관

바위에 핀 꽃은 무슨 꽃일까요

바위 턱에 눈 봄의 전령사 진달래가 피었습니다.

어, 우리보다 먼저 떠난 사람들이 있군요. 어디로 가는 중일까요. 요즘 도시들에서야 빌딩 숲, 자동차 물결로 꽃구경하기가 쉽지 않지만 조선시대만 해도 달랐지요. 조금만 걷다 보면 바로 숲이었거든요. 특히 봄이 되면 사람들은 앞 다투어 숲을 찾았습니다. 파룻파룻한 새싹을 밟아보려고요. 화사한 꽃구경은 덤이었습니다. 저기 바위에 핀 분홍빛 꽃이 보이지요. 봄의 전령사 진달래입니다. 바야흐로 계절은 화창한 봄이로군요. 맨 앞에 말 탄 여인 좀 보세요. 봄의 흥취를 못 이겨 벌써 꽃가지를 머리에 꽂았습니다.

땅에는 파란 점이 점점이 찍혔습니다. 마치 이끼가 자라는 것 같지요. 이걸 '태점'이라고 합니다. 옛 그림에서 바위나 땅을 묘사할 때 쓰는 방법이지요. 파룻파룻한 새싹이 일제히 돋아나는 느낌을 줍니다.

이 그림은 「연소답청(年少踏淸)」이라는 제목으로 잘 알려졌습니다. 답청(踏靑)은 봄

> **태점(苔點)**
>
> 산수화를 비롯한 옛 그림을 그릴 때 산이나 바위, 땅 또는 나무줄기 등에 자라난 이끼나 잡초 등을 나타내기 위해 찍는 작은 점입니다. 점의 크기와 색깔의 진하기에 차이를 두어 그림의 조화를 이룹니다. 붓을 세워서 붓끝으로 찍으며 채색화에서는 점 하나 하나를 윤곽선을 두르고 그 안을 녹청색으로 칠하기도 합니다.

에 돋아난 파릇파릇한 풀을 밟으며 걷는다는 뜻입니다. 음력 3월 3일인 삼짇날을 답청절이라고도 했지요. 많은 사람들이 나들이를 나와 새싹도 밟고, 꽃도 보고, 화전도 부쳐 먹었습니다. 그림 속 사람들도 상큼한 봄기운을 마음껏 즐기고 있네요.

바위나 땅에 찍힌 점이 파릇파릇 새싹이 돋아나는 것 같은 느낌을 줍니다.

무엇을 볼까요?

왜 역할이 바뀌었을까요

위쪽에 말을 탄 일행부터 볼까요. 말 다리를 보아하니 잠깐 멈추어 섰습니다. 여자가 두 명, 말도 두 마리, 남자도 두울…… 아니 셋이로군요. 또 짝이 맞질 않습니다. 어쩌지요.

맨 앞에 말 탄 여인은 담뱃대를 물었습니다. 한 손으로는 살며시 줄을 잡았네요. 무엇보다 눈에 띄는 건 머리에 꽂은 꽃입니다. 머리에 꽃을 꽂은 여자는 이상하다던데…… 하지만 이 여인은 아주 예쁘군요. 지나가다가 자기를 닮은 꽃을 보았겠지요. 예쁜 여자가 꽃을 꺾어 달라는데 어느 남자가 마다합니까. 남자는 위험한 바위까지 올라가서 꽃을 꺾었는

예쁘게 생긴 여인이 머리에 꽃을 꽂았습니다.

지도 모릅니다. 힘들게 꺾은 꽃 한 송이 덕분에 그림이 확 사는군요. 말도 여인처럼 예쁘장하게 생겼습니다. 머리에는 빨간 장식까지 달았네요. 말까지 분위기를 맞춘 거지요.

앞에 선 남자는 누구일까요? 왼손으로 말고삐 줄을 잡고 있습니다. 그럼, 말구종이라는 말인데요. 과연 머리에는 말구종이 쓰는 벙거지를 썼습니다. 그런데 옷차림이 예사롭지 않네요. 말구종이라기에는 너무 멋을 부렸거든요. 속에는 붉은색 배자를 받쳐 입고 장식품까지 달았잖아요. 그래요. 이 사람은 말구종이 아닙니다. 여인들과 함께 봄 나들이 나온 양반이지요. 양반이 왜 저렇게 벙거지까지 쓰고 말을 끌고 있냐고요?

말고삐를 잡고 있는 이 사람은 말구종이라기엔 지나치게 멋을 부렸습니다.

맨 뒤를 보세요. 오른손에 갓을 들고 두어 걸음 뒤쳐져 따라오는 사람이 보이지요. 이 사람이 원래 말구종입니다. 왼손에 채찍을 들었잖아요. 모처럼 밖으로 나온 양반은 신이 났습니다. 술도 한잔 마셨겠다, 예쁜 꽃도 보았겠다, 마음이 한껏 느슨해졌지요. 이왕 기분 좋은데 갈 데까지 가보자, 그래서 말구종을 자처했습니다. 말구종이 쓰던 벙거지까지 빼앗아 썼습니다.

"오늘 하루는 내가 마부로소이다."

평소 집안에서는 상상도 못할 일이지요. 그러거나 말거나 흐뭇한 얼굴로 여인을 바라봅니다.

뒤따르는 말구종은 갓을 대신 받아들었습니다. 그런데 주인 모자를 차마 어떻게 쓰겠습니까. 그래서 저렇게 고이 들고 따라오는 거지요. 글쎄요, 속으로는 비웃었을까요.

'자—알들 놀고 있네.'

집에 있을 때는 그렇게 점잖은 척했던 양반이 말입니다.

가운데 남자도 만만치 않습니다. 양반이 여인에게 담뱃불까지 붙여 주잖아요. 그것도 아주 공손하게 두 손으로 받쳐 들고서요. 여인은 쑥스러운 듯 한손으로 머리를 긁적입니다. 그래도 싫지는 않나 보네요. 슬며시 웃으면서 담뱃대를 받아 들려는 참입니다.

오늘 하루만은 양반과 여인, 양반과 말구종이 신분을 바꾸었습니다.

진짜 말구종이 맨 뒤에서 타박타박 따라옵니다.

즐거운 봄나들이, 오늘 하루만큼은 양반과 상민의 구분도 없습니다.

가장 볼 만한 꽃구경은 무엇일까요

아래쪽에도 봄나들이 떠나는 일행이 있네요. 여긴 열심히 걷는 중입니다. 봄바람이 살짝 불었을까요. 뒤로 날리는 여인의 장옷이 인상적입니다. 이쪽은 제대로 말구종이 말을 끄네요. 양반은 뒤에서 따라옵니다. 옷차림은 다른 양반들과 비슷한데 갓을 목에 걸었군요. 갓은 양반들의 상징이어서 벗으면 안 되는데. 이 양반도 들뜬 마음을 감출 수 없었나 봅니다.

벌써 짐작했겠지만 여기 나오는 여인들은 모두 기생입니다. 양반들과 함께 봄나들이를 나왔지요. 만약 부인들 앞이라면 남편 체면이 있는데 양반들이 저런 행동을 할 수 있었을까요. 이 그림은 봄나들이 기분에 취한 사람들 이야기를 담고 있습니다. 신윤복은 그런 심리를 이렇게 표현했지요. 「서당」그림이 김홍도식 유머라면 신윤복의 유머는 이런 거지요. 봄날의 꽃놀이가 사람 성격까지 바꾸나 봅니다.

꽃구경은 사실 복사꽃,

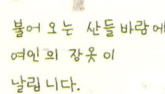
불어오는 산들바람에 여인의 장옷이 날립니다.

살구꽃을 최고로 손꼽았답니다. 진달래는 그 다음이지요. 거 왜,「고향의 봄」이라는 노래에도 나오잖아요.

복숭아꽃 살구꽃 아기진달래-

꽃을 구경할 만한 장소는 인산인해를 이루었답니다. 구경을 나온 사람, 말, 가마에다가 한몫 잡으려는 술장수, 엿장수, 떡장수 들로 뒤엉켰으니까요. 예나 지금이나 다를 바 없네요.
이젠 우리가 나설 차례입니다. 우린 말은 없습니다. 각자 걷는 거지요.「봄나들이」그림처럼 옷을 서로 바꿔 입겠다고요? 그것도 재밌겠네요. 그래도 꽃은 꺾지 마세요. 나중에 오는 사람들도 봐야 하니까요.
자, 출발합니다!

 옛날엔 이랬어요

옛날의 세시 풍속

봄 3월 3일 삼짇날에는 진달래꽃을 따다가 찹쌀가루 반죽에 붙여 화전을 해 먹었습니다. 봄날 파릇파릇한 새싹을 밟으며 바깥나들이를 하는 것도 이날입니다. 한식날에는 조상의 산소에 가서 제사를 지냅니다. 원래 한식은 추석, 설날, 단오와 더불어 4대 명절로 꼽힐 만큼 중요하게 여겼지만 지금은 지내는 사람이 거의 없습니다.

여름 여름철 세시풍속의 대표는 단오와 유두입니다. 단오는 5월 5일인데 남자들은 씨름을 즐겼고 여자들은 그네뛰기를 하거나 창포를 달인 물로 머리를 감았습니다. 미리 전염병을 막자는 뜻이지요. 유두는 음력 6월 보름으로 일가친지들과 함께 맑은 시내나 계곡에 가서 머리를 감고 몸을 씻은 뒤, 가지고 간 음식을 먹으면서 하루를 시원하게 보냈습니다. 이렇게 하면 여름 동안 질병을 물리치고 더위를 먹지 않는다고 합니다.

가을 추석과 중양절이 유명합니다. 추석은 한가위라고도 하는데 새로 수확한 곡식이나 과일로 조상들께 감사의 제사를 지내며 송편을 빚어 먹습니다. 중양절은 음력 9월 9일입니다. 9가 두 번 겹치는 이 날은 1년 중 기운이 가장 센 날이라고 합니다. 이날은 노란 국화꽃잎을 따다가 국화 찹쌀떡을 만들고, 배·유자·석류를 잘게 썰어 꿀물에 타서 화채도 만들어 먹습니다.

겨울 동지가 있습니다. 붉은 팥죽을 쑤어 그 안에 새알 모양의 떡을 넣어 먹지요. 붉은색은 집 안으로 들어오는 귀신을 막아준다고 믿었기 때문입니다.

세시풍속은 철따라 꼭 챙겼는데 특히 홀수가 겹치는 날인 1월 1일 설날, 3월 3일 삼짇날, 5월 5일 단오, 7월 7일 칠석, 9월 9일 중양절은 중요하게 여겼습니다.

제3교시

춤・노래・악기가 어우러진 종합예술
「굿」

참 낯선 그림입니다. 평소에는 잘 볼 수 없는 장면이거든요. 그렇지만 우리 곁에 늘 가까이 있어왔습니다. 지금도 알게 모르게 성행하지요. 바로 굿하는 장면입니다. '굿이나 보고 떡이나 먹지' '난리굿을 친다' 라는 말까지 있는 걸 보면 아주 낯선 일도 아닙니다. 굉장한 구경거리이기도 했으니까요. 그래도 굿 하면 으레 미신부터 떠올리며 무시하는 일이 잦습니다. 알고 보면 그리 무시할 일이 아닌데 말입니다.

「굿」, 종이에 수묵담채, 28.2×35.3cm, 『혜원전신첩』에 수록, 간송미술관

 무엇을 볼까요?

붉은 옷을 입은 사람은 누구일까요

 울창한 나무 사이로 마당 넓은 집이 보입니다. 누가 보기라도 하면 안 되는 걸까요. 돌담을 단단히 둘렀고 문은 꼭 닫았네요. 붉은 옷을 입은 사람 뒤로 건물 한 채가 섰습니다. 여느 건물과는 좀 다르지요. 석축을 한 단 쌓았는데 벽도 없이 앞이 확 트였잖아요. 예, 여긴 굿당입니다. 굿하는 장소이지요. 대개 마을에서 좀 떨어진 곳에 자리 잡았습니다. 사람들이 꺼리기도 했지만 무엇보다 시끄러웠기 때문입니다.

 마당에는 사람들이 모여 앉았습니다. 일곱 명, 아니 담 밖에 있는 사람까지 모두 여덟 명입니다. 누구보다 오른쪽에 서 있는 사람이 눈에 띄네요. 붉은 옷에 갓까지 썼잖아요. 누구냐고요? 굿당의 주인, 무당입니다. 한바탕 신나는 굿판을 벌이는 중이지요.

 무당은 신과 인간을 연결해주는 사람입니다. 사람의 소원을 신에게 알려주고 다시 신이 내린 해결책을 사람에게 전해주는 역할이지요. 하는 일이 불교의 스님, 천주교의 신부, 기독교의 목사와 다를 바 없습니다. 그럼 굿당도 절이나 성당, 교회쯤 되겠군요. 원래 무당은 여자를 뜻하는 말입니다. 드물긴

붉은 옷에 갓을 쓴 이 여인은 굿당의 주인, 무당입니다.

하지만 남자 무당도 있었는데 박수라고 하지요. 여긴 갓을 썼으니 남자라고요? 하하하, 머리를 잘 보세요. 역시 여자입니다. 신윤복은 여성 전문 화가였는데 남자 무당을 그릴 리 있나요.

 무엇을 볼까요?

굿은 어떻게 하는 걸까요

굿은 무당이 노래하고 춤추면서 신령을 불러 대접하는 일입니다. 그러면 신이 인간의 고민을 들어주고 좋은 일도 내려주지요. 그러고 보니 굿은 영어의 굿(good)과도 뜻이 비슷하네요. 짧게는 한두 시간에 끝나는 굿도 있지만 길게는 며칠씩 이어지기도 합니다. 흔히 굿판을 난장판이라고도 합니다. 겉보기에 질서도 없이 제멋대로 노는 것 같거든요. 하지만 굿에도 절차와 방법이 있습니다.

굿하는 장소를 깨끗이 하고 신령을 초대하는 청신(請神), 불러 모신 신령을 정성껏 대접하며 공수를 듣는 오신(娛神), 그리고 다시 신을 돌려보내는 송신(送神)의 순서로 진행됩니다. 이때는 여러 잡귀신들도 함께 대접합니다. 하찮은 것을 포용하는 넓은 아량이 엿보이는 대목입니다.

공수

무당이 전해주는 신의 말씀을 뜻합니다. 공수에는 굿을 청한 사람의 소원에 대한 해결책이 들었기 때문에 굿판에서 가장 중요하게 여기지요. 무당이 춤추고 노래하는 까닭도 공수를 듣기 위해서입니다. 평소에는 잘 안 되고 춤과 노래를 통한 무아지경에 빠져야만 하기 때문이지요. 공수에 의해서 무당의 신통력이 얼마나 뛰어난지 판가름 납니다.

굿을 하는 이유는 여러 가지입니다. 병든 몸을 낫게 해달라고, 집안을 평안하게 해달라고, 죽은 사람의 명복을 빌려고 굿을 하지요. 굿은 미신의 여부를 떠나 고통 받는 마음을 위로하고 낫게 하는 과정입니다. 대부분의 고민은 마음에서 비롯되는 경우가 많거든요. 춤과 음악에 맞춰 웃고 울고 떠들다보면 어느새 마음의 병이 나았다고 느끼게 되는 순간이 있습니다. 이를 '카타르시스'라고도 하지요. 굿을 결코 미신이라고 폄하할 수 없는 까닭입니다.

진도 씻김 굿의 한 장면 ⓒ문화재청

굿은 굉장한 볼거리이기도 했습니다. 춤과 노래와 연주가 총동원되는 종합예술이었으니까요. 지금도 진도 씻김굿은 무형문화재로 지정되어 정식으로 공연까지 됩니다. 소원을 빌면서 신나는 구경까지, 정말 꿩 먹고 알 먹는 일이군요.

 무엇을 볼까요?

부채에 그려진 그림은 무엇일까요

이야기가 길어졌군요. 그래도 이젠 그림이 더 쉽게 이해될 겁니다. 다시 한 번 무당을 보겠습니다. 붉은 옷을 입고 갓을 썼지요. 무당 옷은 늘

> **거리**
> 굿의 전 과정을 '거리'라고 하는데 보통 서울이나 경기지방의 큰 굿은 열두거리로 이루어집니다. 물론 규모나 장소에 따라 숫자가 늘어나기도 줄어들기도 합니다. 열둘이라는 숫자는 '전체'나 '모두'라는 뜻을 담고 있습니다. 거리가 바뀔 때마다 부르는 신령도 다르고 무당의 옷과 들고 있는 도구도 달라집니다. 열두거리에는 제석거리, 별성거리, 조상거리, 성주거리, 구릉거리 등이 있습니다.

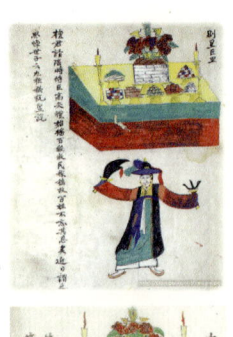  
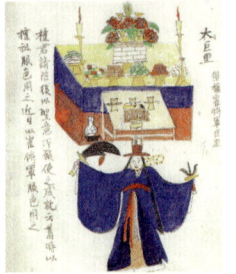  
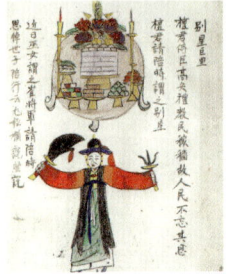  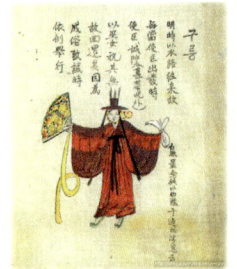

『무당내력』에 나오는 다양한 무당 복장

『무당내력』
조선 말기에 난곡이라는 호를 가진 사람이 서울 굿의 각 거리를 그림으로 그려 설명한 책입니다. 작은 책과 큰 책, 두 종류가 있는데 둘 다 14쪽으로 이뤄져 있습니다. 두 책 모두 첫째 면에는 『무당내력』에 관한 글을 싣고 나머지에는 각 거리에 대한 그림을 색깔을 입혀 그렸습니다.

저러냐고요? 아닙니다. 굿은 보통 여러 '거리'로 이루어집니다. 거리가 바뀔 때마다 옷차림도 바뀌지요. 『무당내력』이란 책을 보면 갖은 차림새가 등장합니다. 대부분 화려한 원색이지요. 신령들도 알록달록하고 예쁜 옷을 좋아했나 봅니다. 손에 든 물건도 그때그때 달라지지요. 방울, 부채, 칼, 창, 깃발……. 이 그림에서는 부채를 들었습니다. 잘 보면 무슨 그림이 그려져 있을 겁니다. 바로 금강산입니다. 그래서 금강산부채라고 하지요. 금강산은 살아서 한 번 오르면 죽어서 지옥에 떨어지지 않는다는 전설이 있는 영험한 산입니다. 그런데 보통 사람들이 어디 금강산 한 번 오를 여유가 있겠습니까. 그러니 부채로나마 영험한 정기를 받자는 것이겠지요.

무당이 든 부채에는 금강산이 그려져 있습니다.

　무당 앞으로 네 여인이 앉았습니다. 굿을 신청한 사람들이지요. 노란 옷을 입은 소녀는 무당춤이 신기했나 봅니다. 턱을 괴고 앉아 골똘히 쳐다보는 모습이 천진난만하네요. 개다리소반을 앞에 두고 두 손으로 치성(致誠) 드리는 여인이 오늘 굿을 청한 장본인입니다. 누가 병이 났을까요? 아니면 남편 장원급제 하게 해달라는 기원일까요? 혹시 아들 낳게 해달라는 소원일지도 모르겠군요. 얼굴에는 희미한 미소가 번집니다. 틀림없이 좋은 공수를 받았나 보군요.

　개다리소반 위에 놓인 게 뭐냐고요? 쌀이지요. 쌀은 모든 음식의 기본입니다. 조상을 상징하기도, 사람의 생명을 뜻하기도 하지요. 보통 성주굿을 할 때 쌀을 놓았다고 합니다.

무당 앞에는 네 명의 여인이 앉았고 개다리소반 위에는 쌀이 올라와 있습니다.

무당은 대개
여자였지만 악사는 거진
남자였습니다.

김준근, 「무녀 굿하고」, 종이에 수묵채색, 23.2×16.0cm

성주는 집을 지키고 보호해주는 신령입니다. 집안이 평안하고 좋은 일 많이 생기라고 비는 일이 많았지요. 보통 성주 상은 마루 한쪽이나 기둥 밑에 차렸다고 합니다. 여기도 그렇군요. 굿당 한 구석 기둥 옆에 제물상이 놓였잖아요.

왼쪽에 갓 쓴 사람들은 악사입니다. 피리를 불고 장구를 치네요. 무당은 거의 여자이지만 악사는 대부분 남자입니다. 악사는 굿판의 신명을 좌우하는 사람이지요. 때론 재담도 지껄이고 소리도 합니다. 무당과는 호흡이 척척 맞아야 흥겨운 굿판이 되겠지요. 피리, 장구 말고도 대금·해금·바라·징 등이 쓰였지요.

굿하는 장면을 담은 그림은 또 있습니다. 김준근의 「무녀 굿하고」라는 그림이지요. 여기 나오는 무당은 붉은 갓에 전복을 입었습니다. 손에는 부채와 방울을 들었네요. 악사들은 역시 남자이군요. 장구와 징을 치고 있습니다. 조선시대에는 스님과 무당들을 성안에서 살 수 없게 했지요. 풍속을 해친다고 생각했기 때문입니다. 그런데도 이렇게 굿하는 그림이 많다는 건 그만큼 유행했다는 뜻 아닐까요.

 무엇을 볼까요?

신윤복 그림을 대표하는 장면은 무엇일까요

이 그림은 사선 구도입니다. 「탁발」도 그랬잖아요. 집 밖과 집 안, 좌우로 확실히 나뉘어졌습니다. 집 밖은 초가지붕과 나무로 꽉 채워졌군요. 좀 어두운 느낌입니다. 반면에 집 안은 마당도 넓은데다 조명이라도 비추는 듯 환합니다. 눈길이 자연스레 쏠립니다. 일부러 굿하는 장면을 부각시킨 거지요.

아차, 중요한 장면을 하나 빠뜨렸군요. 담 밖에 서 있는 남자와 이를 바라보는 여인입니다. 남자는 맨상투 차림입니다. 신분이 낮은 사람이지요. 그래도 아주 건장하고 남자답게 생겼습니다. 녹색 장옷을 입은 여인이 한눈에 반했을까요? 거침없는

사선 구도가 쓰여 집밖과 집안, 두 개의 공간으로 나뉘었습니다.

장옷을 입은 여인이 담 밖의 남자를 쳐다보고 있습니다.

눈길을 보내고 있습니다만, 아무리 봐도 썩 어울리는 장면은 아니군요. 이 성스럽고 소란한 와중에 저런 눈길을 주고받다니요.

그렇습니다. 『혜원전신첩』의 그림은 거의 남녀가 어우러진 장면을 담고 있잖아요. 그런데 여긴 굿판입니다. 남녀의 어우러진 모습이 끼어들 여지가 없거든요. 물론 여자들 틈에 남자 악사들이 있습니다만 이걸로는 약합니다. 신윤복의 눈에는 아무래도 심심해 보입니다. 그냥 그대로 둘 신윤복이 아니지요. 기어코 쳐다보는 눈길을 그려 넣었습니다. '신윤복표' 그림을 완성한 거지요. 「탁발」에서 여인들을 쳐다보는 스님과 양반을 집어넣은 것과 같은 맥락입니다.

그런데 결정적으로 다른 점이 있습니다. 「단오 풍경」이나 「탁발」에서는 남자가 여자를 훔쳐봅니다. 여긴 반대입니다. 여자가 남자를 바라보잖아요. 이제까지의 상식을 뒤집는 장면입니다. 이 그림의 백미라고 할 수 있지요. 역시 신윤복이라는 생각에 무릎이 탁 쳐지는군요.

 더 알아보아요

굿의 종류

천신굿 새로 산 물건이나 새로 수확한 곡식을 신령에게 바치며 집안의 평안을 기원하는 굿으로 재수굿이라고도 합니다.

내림굿 사람의 몸에 신이 내려 이를 모시기 위한 굿입니다. 내림굿을 통해 정식으로 무당이 되는 거지요.

예방굿 무슨 탈이 있을까 염려하여 미리 예방하려고 하는 굿입니다.

지노귀굿 죽은 사람의 명복을 빌고 저승에 편히 가도록 하는 굿입니다. 지방에 따라 부르는 이름이 다른데, 서울·경기 지방에서는 진오기 굿, 충청도에서는 오구굿, 제주도에서는 시왕맞이, 전라도에서는 씻김굿이라고 합니다.

용신굿 강이나 바다에서 물의 신령인 용신에게 드리는 굿입니다. 때로는 배를 타고 물 한가운데로 나가기도 하지요.

여탐굿 혼인이나 환갑 등 기쁜 일을 조상에게 알리는 굿인데 지금은 거의 없어졌습니다.

병굿 가족 중에 병이 난 사람이 있을 때 하는 굿입니다. 천연두를 물리치기 위한 마마 배송굿이 유명하지요.

대동굿 미을의 평안을 기원하며 많은 사람이 와서 함께 먹고 마시며 즐기는 축제 형식의 굿입니다. 공동체의식을 형성하는 데 큰 역할을 하므로 중요하게 여겼습니다.

제4교시 자유토론
춤인 듯 싸움인 듯 휘두르는 쌍검
「칼춤」

휘이익, 바람을 가르는 칼 소리가 매섭습니다. 펄럭이는 치맛자락이 눈부십니다. 빨라졌다, 느려졌다 변화무쌍한 음악은 귓전을 흔듭니다. 지금껏 우리는 양반들과 어울려 노는 기생들만 보아왔습니다. 이번은 다릅니다. 시중만 드는 하찮은 여인이 아니라 예술가로서 기생의 참모습을 유감없이 보여줍니다. 마음껏 칼을 휘두르는 여인들은 건곤일척(乾坤一擲)의 대결을 펼치는 용맹한 장수 같습니다. 바로 칼춤 추는 모습이지요.

「칼춤」, 종이에 수묵담채, 28.2×35.3cm, 『혜원전신첩』에 수록, 간송미술관

악사들 옷차림이 왜 다를까요

얼마 전 TV 드라마에서 보았던 그림이에요. 김홍도와 대결을 펼치던 신윤복이 마지막에 그렸던 작품이었어요. 내용이 재미있어서 유심히 봤기 때문에 확실히 기억해요. 제 꿈이 발레리나이거든요.

하하하. 신윤복에 관한 드라마를 보았군요. 터무니없는 이야기입니다만 거기에선 신윤복이 여자로 설정되었지요. 아무튼 드라마에 이 그림도 나왔었지요. 제목이 「칼춤」입니다. 가장 널리 알려진 신윤복의 작품 중 하나입니다. 화려한 옷을 입은 두 여인이 칼춤을 추고 있습니다. 어느 부잣집 연회에 초청되어 한바탕 재주를 펼치는 중이지요. 바람을 가르는 칼 소리가 들리지 않나요?

저는 요란한 음악 소리부터 들리는데요. 아래쪽에 악사들이 쭉 앉았잖아요. 김홍도의 「무동」과 똑같은걸요.

삼현육각(三絃六角)이라고 했지요. 왼쪽부터 해금, 피리 둘, 대금, 장구, 그리고 북, 여섯 악기잖아요. 대금은 옆으로 부는 악기니까

악사들이 주르륵 늘어앉아 악기를 연주합니다. 왼쪽부터 해금, 피리 둘, 대금, 장구, 그리고 북입니다.

악사의 옆얼굴이 살짝 보이지만 피리는 똑바로 부니까 돌아선 모습만 보여요.

🧒 이상해요. 맨 오른쪽에 북치는 사람은 옷과 모자가 다른 사람들과 달라요.

👨 소속이 달라서 그렇지요. 전복(戰服)을 입고 전모(戰帽)를 쓴 북재비는 세악수(細樂手)입니다. 지금의 군악대 대원과 비슷하지요. 나머지 갓 쓰고 도포 입은 악사들은 장악원 소속입니다. 급할 때는 저렇게 합동으로도 연주를 했다는군요.

> **장악원(掌樂院)**
> 조선시대 음악에 관한 사무를 관장하던 관청으로 각종 제사와 의례, 행사 음악과 음악교육, 악공(악사), 악생(학생) 들의 관리를 담당했습니다. 유교에서는 예악(禮樂)이라 하여 음악을 매우 중요시했기에 음악의 정비에 큰 노력을 기울였습니다. 장악원에도 여러 벼슬이 있었으나 실제 음악을 담당한 사람들은 악공과 악생입니다. 악공은 천인 출신, 악생은 양인 출신으로 정원은 399명이며, 장악원 부근에 거주하면서 출퇴근했는데 생계가 매우 어려웠다고 합니다.

👧 악사들의 모습이 아주 작아요. 맨 앞에 있으니 가장 크게 그려야 옳잖아요.

👦 그렇네요. 오히려 뒤쪽의 춤추는 여자들과 구경꾼들을 더 크게 그렸어요.

👨 작게 그리는 게 당연해요. 여기서 악사들은 그리 중요하지 않거든요. 춤추는 여자와 구경하는 양반들이 주인공이라서 일부러 작게 그린 거예요.

👧 와, 그런 것도 알다니! 선생님, 정말인가요?

👦 물어볼 필요도 없어요. 이 정도야 상식인데요, 뭘. 그런데 맨 왼쪽의 악사는 누굴까요? 손에 든 악기도 처음 보는데요.

이 사람은 누구고 손에 든 건 뭘까요?

예? 그건 악기가 아닌 것 같은데…….

 호호호! 이것도 상식인데, 모른단 말예요? 저건 「탁발」에서 보았던 차면선이잖아요. 남녀가 내외할 때 서로 가리던 물건 말이에요. 그러니까 저 사람은 악사가 아니라 구경꾼이에요.

 …….

 맞아요. 그림에는 안 나왔지만 훨씬 더 많은 사람들이 앉아서 구경하고 있을 거예요. 그나저나 악사들 앉은 모습도 참 재미있네요. 일곱 명이 한 줄로 나란히 앉았잖아요. 갓 쓴 모습이 마치 오선지 위에 그려진 음표 같아요. 오선지는 돗자리고요.

 어? 정말 그러네요. 갓을 똑바로 쓴 사람, 삐뚜름하게 쓴 사람, 서로 다른데요. 마지막 장구의 갓은 쏙 내려갔어요. 진짜 음표처럼 들쑥날쑥합니다. 리듬감이 느껴져요.

 하하하, 정말 그렇군요. 빠르다가 느려지고, 높았다가 낮아지는 변화무쌍한 연주 소리를 표현하기 위해 저렇게 그렸겠지요.

연회를 베푼 사람은 누구일까요

 위쪽의 구경꾼도 똑같이 일곱 명입니다. 오른쪽에 서 있는 사람은 결혼 안 한 댕기머리 소년이군요. 그런데 담뱃대는 왜 들었을까요? 미성년자가.

🧑 심부름꾼 아닐까요. 왼쪽에 앉은 양반과 여인 한 명은 아직 담뱃대가 없잖아요. 저쪽에 갖다주려는 모양인데요.

🧑 옛날에는 담배 심부름꾼인 연동(煙童)이 있었습니다. 담뱃대가 너무 길어 혼자서는 불을 붙일 수 없었거든요. 담배 심부름꾼이 맞나 봅니다.

어린 소년이 담뱃대를 들고 서 있다니요!

🧑 옆에 앉은 노란 초립을 쓴 사람은 어디서 많이 보았는데…….

🧑 김홍도의 「서당」그림에 있었어요. 초립은 성인식을 치른 소년이 갓을 쓰기 전까지 잠시 쓰던 모자잖아요. 얼굴도 앳돼 보이는데요. 어린 나이에도 어른들 틈에 끼여 앉았습니다. 아무래도 연회를 베푼 주인집 아들이 아닐까요.

🧑 옆에 두 여인은 기생이겠지요. 이젠 모습만 봐도 대번 알겠어요. 둘 다 담뱃대를 물었고 노는 자리에 불려와 있잖아요. 지금 칼춤이 절정에 올랐나 봐요. 같은 기생들이면서 새삼 신기한 듯 바라보네요.

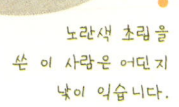

노란색 초립을 쓴 이 사람은 어딘지 낯이 익습니다.

🧑 왼쪽에 앉은 양반도 눈에 띕니다. 특별한 자리에 혼자 앉아 편안히 죽부인에 기대었습니다. 자주색 도포 띠를 매었으니 역시 벼슬

파란 치마를
입은 두 여인은
기생입니다.

둘 중 누가
주인일까요?

이 높은 양반이겠지요. 옷차림도 그렇지만 풍채 역시 당당합니다. 그런데 앞에 놓인 물건들은 뭘까요.

🧒 저건 담배함, 재떨이, 그리고 화로입니다. 담배 피우는 게 유행이었으니 웬만한 모임 자리에는 꼭 준비해두었지요.

👧 특별한 자리에 앉은 걸 보니 오늘 연회를 베푼 집주인이 아닐까요?

🧒 글쎄요. 오히려 그 옆에 두 손으로 무릎을 끌어안고 앉은 사람이 집주인 아닐까요. 편안하게 갓을 제쳐 썼잖아요. 칼춤을 자주 보았는지 표정도 좀 심드렁하네요.

👧 저도 그렇게 생각하는데요. 귀한 손님을 제 집에 모셔놓고 연회를 베푸는가 봅니다. 흥을 돋우기 위해 칼춤 추는 기생도 불렀고요. 비록 제 집이지만 손님의 벼슬이 더 높으니까 상석을 양보했습니다. 맨 뒤에 부채를 든 사람은 좀 어려보여요. 이 사람과 초립 쓴 청년이 아들인가 봐요. 귀한 분을 모셨으니 인사라도 드리라고 두 아들까지 앉혔나 봅니다.

👧 그것 참 말 되네요. 그럼, 부채를 든 아들은 오기 싫은 자리에 억지로 와서 저렇게 얼굴을 찡그린 걸까요. 기생이 내뿜는 담배 연기가 매워 인상을 쓰는 것도

같은데요.

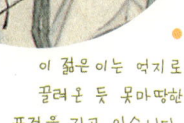

이 젊은 이는 억지로 끌려온 듯 못마땅한 표정을 짓고 있습니다.

 함께 얘기해봐요

두 여인의 차림새와 동작을 비교해 볼까요

아무래도 초점은 가운데 칼춤 추는 여인들에게 맞춰야 겠지요.

쌍칼을 쥔 모습이 진짜 대결이라도 펼치는 듯 팽팽합니다. 둘 다 전모를 쓰고 전복을 입었잖아요. 전쟁터에 나온 군사들 같습니다.

칼춤의 복장은 늘 똑같았나 봅니다. 김준근의 「기녀 검무 추고」 라는 작품에서도 이렇게 입었거든요. 무기를 들고 추는 춤이니 전복

쌍칼을 쥔 두 여인이 팽팽한 긴장감을 자아내며 칼춤을 춥니다.

김준근, 「기녀 검무추고」, 종이에 수묵채색, 23.2×16.0cm, 숭실대박물관

차림이 당연한 게지요.

파란 치마를 입은 여인은 움직임이 매우 큽니다. 치맛자락이 심하게 날리잖아요. 몸을 약간 굽힌 채 상대에게 칼을 겨누었습니다. 마치 공격하는 자세 같아요. 중국 무술영화에 나오는 쿵푸 자세도 저런데. 오잇! 설마 이상한 소리까지 내는 건 아니겠지요.

빨간 치마는 주인공이라도 되는 듯 한가운데 버티고 섰습니다. 치맛자락이 가볍게 펄럭여요. 동작도 방어 자세이고요. 오른쪽 여인의 격렬한 움직임과는 비교됩니다. 치마 색깔도 서로 반대고요.

맞아요. 빨간색과 파란색, 격렬함과 조용함, 공격과 방어, 앞모습과 뒷모습, 여러 가지로 두 여인은 대비됩니다. 게다가 날리는 치맛자락도 서로 반대 방향이고요. 음양의 조화를 표현한 것 아닐까요?

가운데 여인은 왜 앞모습으로 그리지 않았을까요? 중심인물이니 얼굴을 다 보여주는 게 옳지 않나요?

오로지 춤추는 모습에만 관심을 두라는 의도이겠지요. 얼굴이 보이면 아무래도 보는 눈길이 흩어지기 마련이잖아요. 덕분에 이번만은 그저 얼굴만 예쁜 기생이 아니라 칼춤에 몰입한 진정한 예술가로 거듭났습니다.

그림의 구도는 어떤가요

 여러 가지 춤이 있었을 텐데 왜 하필 칼춤을 그렸을까요.

가장 즐겼거나 그만큼 유명했다고 봐야겠지요. 칼춤은 전 세계 어딜 가나 있는 춤이잖아요.

『알리바바와 40명의 도적』에서도 하녀 모르자나가 칼춤을 추다가 도둑 두목을 죽여 알리바바를 구하는 장면이 나와요.

그렇습니다. 우리나라에도 신라시대부터 칼춤을 추었다는 기록이 있습니다. 실제로는 훨씬 더 오래전부터 추어왔겠지요. 원시시대부터 사냥과 전쟁은 생존과 직결된 문제였고 칼이 무기의 상징이다 보니 여러 행사에 칼춤이 빠지지 않았지요.

궁궐에서 추던 궁중 춤의 하나였다고도 들었어요.

나라의 중요한 행사 때는 꼭 들어갔지요. 다음 그림은 「신관도임연회도」라는 그림입니다. 새로운 고을 수령을 환영하는 잔치를 그린 그림인데 여기에도 칼춤 추는 장면이 나옵니다. 그만큼 널리 퍼져

작자 미상, 「신관도임연회도」, 종이에 수묵채색, 140.2×103.3cm, 고려대박물관

있었다는 뜻이지요. 지금도 그 명맥은 이어지고 있어요. 특히 진주 검무는 무형문화재로까지 지정되어 많은 사랑을 받고 있지요.

🙂 신윤복의 「칼춤」은 구도가 참 잘 짜여 있어요. 가운데 여인 두 명을 두고 아래쪽에도 일곱, 위쪽에도 똑같이 일곱 사람을 그려 균형을 맞췄잖아요.

🙂 그래도 각각 느낌을 달리했습니다. 아래쪽에는 안정감 있게 한 줄로 배치했지만 위쪽에는 불규칙하게 흩어 놓았습니다. 격렬한 춤동작에 맞추어 율동감을 느끼도록 배려한 것이지요.

🙂 그러니까 차분함과 격렬함이 동시에 느껴진다, 이 말이군요. 신윤복의 능수능란한 구도 잡기 솜씨가 새삼 돋보이는데요.

🙂 아쉬운 점이 있어요. 이 그림은 칼춤 추는 기생과 악사 들이 주인공인데 모두 뒷모습뿐입니다. 오히려 감상하는 양반들이 중심이고요. 칼춤이 아니라 칼춤을 구경하는 모습을 그리려 했습니다

🙂 맞아요. 신윤복은 그림마다 기생들을 그려놓았지만 실제로는 역시 양반들이 중심을 차지하고 있습니다. 기생들은 곁가지일 뿐이고요. 이게 신윤복의 한계인 것 같아요.

🙂 그래도 칼춤의 중요함을 잊지 않았잖아요. 악사들보다 크게 그렸고 가운데 배치했으니까요. 구경하는 기생들도 굉장히 크게 그렸습니다. 자신이 여인 전문화가라는 사실을 잊지 말라는 뜻 같습니다.

 옛날엔 이랬어요

옛날의 춤

우리 춤은 종교의식 춤, 민속춤, 교방춤, 그리고 궁중춤으로 나뉩니다. 무당이 추는 무속춤이나 불교춤은 종교의식을 위한 춤이고 농악춤, 탈춤은 민속춤입니다. 교방춤은 기방춤이라고도 하며 나라에서 교방이라는 교습소를 만들어 가르치는 춤입니다. 이 속에 칼춤(검무), 살풀이춤, 승무, 태평무 등이 들어 있지요.

살풀이춤은 '도살풀이춤', '허튼춤'이라고도 합니다. 옛 분들은 한 해를 잘 보내기 위해 굿판을 벌였는데 그곳에서 무당이 나쁜 기운을 풀어내기 위해 즉흥적으로 추는 춤을 말합니다. 춤꾼은 고운 쪽머리에 비녀를 꽂고 백색 치마저고리를 입으며 멋스러움과 감정을 한껏 나타내기 위해 하얀 수건을 들고 살풀이 곡에 맞추어 춤을 춥니다. 우리나라의 대표적인 춤으로 예술적 가치가 큽니다.

승무는 중춤이라고도 합니다. 장삼과 고깔을 걸친 채 북채를 쥐고 추는 춤으로 끝내 수행을 이루지 못한 고뇌를 법고를 두드려서 잊으려는 파계승의 심정을 나타냅니다.

태평무는 나라의 평안과 태평성대를 기리기 위해 추는 춤입니다. 남녀가 왕과 왕비의 복장으로 궁중풍의 웅장하고 화려함을 보여 주는데 동작 하나하나가 우아하고 절도가 있습니다. 이 춤은 섬세한 기교를 필요로 하는 발짓춤으로 세계와 견줄 만큼 예술성이 높습니다.

대표적인 궁중춤은 **정재**입니다. 종류로는 나라의 경사, 궁중향연, 국빈을 위한 연회, 왕후와 재상들을 위한 춤, 제례의식에 사용되는 춤이 있습니다. 주로 왕업을 찬양하며 왕실의 번영을 기리고 축하하는 내용으로 춤과 노래를 결합하여 표현합니다.

 보충학습

그림의 마무리, 제발과 낙관

흔히 제발(題跋)은 그림에 써 넣은 글씨를 말하고 낙관(落款)은 그림에 찍은 인장으로 알고 있습니다. 얼추 맞기는 하나 정확은 뜻은 아닙니다. 제발과 낙관은 서양화에는 없고 우리 옛 그림을 비롯한 동양권의 그림에만 나타납니다. 둘 다 그림의 부수적인 요소이긴 하지만 옛 그림에서 빠져서는 안 될 중요한 것이기도 합니다.

○ 제발

그림을 완성한 후 한쪽에 그림과 관련된 글을 써 넣는데 이를 제발이라고 합니다. 원래 그림의 맨 앞에 쓰는 제목을 제, 나중에 쓴 짧은 글을 발이라고 했으나 보통 그림 속에 쓴 글을 모두 통틀어 제발이라고 하지요. 다른 말로 제시라고도 합니다.

제발은 그림을 그리게 된 배경, 그림과 관련된 옛이야기나 시구, 그림에 대한 느낌이나 비평, 화가에 대한 평가 등을 적습니다. 화가 자

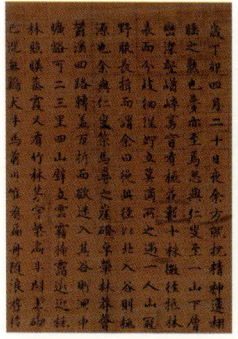

「몽유도원도」 중 안평대군과 신숙주가 쓴 제발

안견, 「몽유도원도」, 비단에 수묵채색, 106.5×38.7cm(본 그림 크기), 1447, 일본 덴리대학 중앙도서관

신이 직접 쓰기도 하고 그림을 본 다른 사람이 써 넣기도 합니다.

 제발은 우리 옛 그림에서 매우 중요한 부분이었습니다. 특히 선비 화가들의 그림에서 제발은 그림의 완성도를 높여주는 필수적인 역할을 했어요. 선비들의 작품에는 대부분 제발이 들어갔다고 보면 됩니다. 제발은 그림 그린 이가 의도하는 바를 이해하는 데 많은 도움을 주

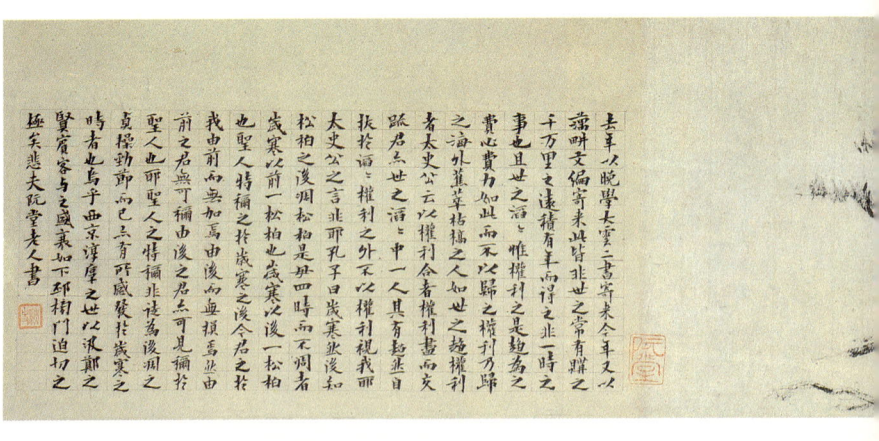

김정희, 「세한도」, 종이에 수묵, 23.7×69.2cm(본 그림 크기), 조선시대, 개인 소장

지요.

  간단히 몇 글자만 써 넣는 게 일반적이지만 어떤 경우에는 글씨가 더 많은 비중을 차지하여 그림인지 글씨인지 구분이 안 되는 작품도 있습니다. 특히 「몽유도원도」나 「세한도」는 본 그림 옆에 여러 사람이 쓴 제발을 이어 붙여 제발까지 합친 전체 길이는 10미터가 넘을 정도입니다. 우리가 잘 아는 김홍도의 풍속화에는 제발이 없지만 신윤복의 풍속화에는 제발이 씌어 있습니다.

○ 낙관

흔히 낙관을 작품에 찍는 인장으로 알고 있어 '낙관을 찍는다'라고 말하기도 하는데 이는 잘못된 말입니다. 그림을 완성한 뒤 자신의 호나 이름, 그린 장소, 그린 동기나 시기를 적고 인장을 찍는 일을 통틀어

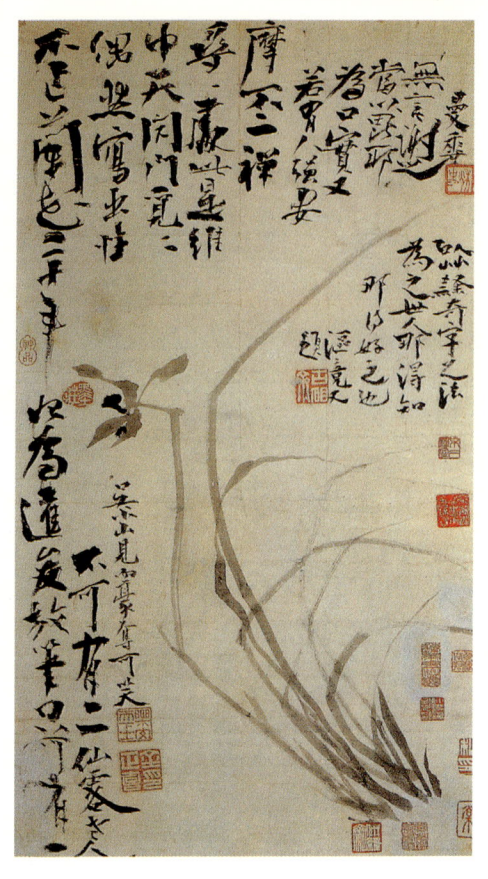

김정희, 「불이선란」, 종이에 수묵, 55×30.6cm, 19세기, 개인 소장

낙관이라고 하거든요. 낙관은 낙성관지(落成款識)의 준말로 '낙성'은 완성하다는 뜻이고 '관지'는 도장에 새겨진 글자를 말합니다.

낙관의 형태에는 여러 가지가 있습니다. 작품 제작의 동기나 시기, 호나 이름 같이 자신에 관한 사항만 썼을 때는 단관(單款), 작품 받을 사람에 관한 내용까지 함께 적으면 쌍관(雙款)이라고 합니다. 보통 낙관은 작가가 하지만 그림을 본 사람이나 그림을 가진 사람이 낙관을 하기도 합니다. 이를 후낙관이라 하고요.

낙관은 그림 외적인 사항이 아니라 그림의 일부로서 그 품격을 높이는 효과를 줍니다. 그래서 작품의 전체 분위기와 조화를 이루도록 세심하게 신경 씁니다. 물론 작품 분위기를 거스르지 않기 위하여 그림

속의 나무뿌리나 바위틈같이 눈에 띄지 않는 곳에 낙관을 하는 경우도 있지요.

맨 마지막에 찍는 인장은 낙관을 완성하는 백미입니다. 검은 수묵화에 찍는 빨간색의 인장은 아름다움을 더해주는 데 한몫하지요. 심지어는 인장 자체를 예술로 취급하여 많은 화가들이 인장 파는 기술을 직접 익히기도 했습니다. 김정희의 「불이선란」은 인장만 해도 15개나 찍힌 특이한 작품입니다. 인장을 포함한 낙관은 작품이 진짜인지 가짜인지를 판단하는 결정적인 증거가 되기도 합니다.

이인문의 「연꽃」은 오른쪽 위에 제발을 쓰고 특이하게도 낙관은 왼쪽 연꽃잎 속에 했습니다. 화가의 호인 '고송류수관도인'이라는 글자를 쓰고 인장을 찍어 낙관을 마무리한 것을 볼 수 있지요.

이인문, 「연꽃」, 종이에 수묵, 23.6×28.0cm, 서울대박물관

셋째 날

설레는 가슴, 안타까운 마음

제1교시

두 사람 마음은 두 사람만 알겠지

「몰래한 사랑」

손톱달이 낮게 뜬 밤이군요. 후미진 골목에 두 남녀가 서 있습니다. 요즘이야 저런 만남이 흔해 빠졌다지만 조선시대에는 큰일 날 일이었지요. 새까만 밤중에 남녀가 만나다니, 어쩌자는 건가요. 왠지 아슬아슬하면서도 한편으로는 애틋한 느낌이 듭니다. 살금살금 다가가서 귀 기울여 볼까요. 둘이서 무슨 이야기를 나누는지.

「몰래한 사랑」, 종이에 수묵담채, 28.2×35.3cm, 『혜원전신첩』에 수록, 간송미술관

 무엇을 볼까요?

담벼락은 어디로 사라졌을까요

뉘 집 담벼락일까요. 반듯한 돌로 블록을 쌓듯 잘 올렸군요. 보아하니 주택가 골목입니다. 왼쪽 옆으로 집이 보이잖아요. 그런데 뭔가 좀 이상합니다. 담 위로 집이 바로 연결되었거든요. 집 벽과 담이 한 몸입니다. 문살도 폐가처럼 문드러졌습니다. 귀신이 사는 집일까요.

이뿐 아닙니다. 담벼락 좀 보세요. 아래쪽부터 반듯한 돌로 쌓았는데 위로 올라갈수록 희미해지더니 어느 틈엔가 슬그머니 사라졌습니다. 정말 귀신이 곡할 노릇입니다. 그 위에 나뭇잎도 형체가 분명하지 않습니다. 자욱한 안개라도 깔린 걸까요. 마치 흐릿한 꿈속 같은 느낌입니다. 유령이라도 나타날 것처럼 으스스하네요.

그럴 수밖에 없습니다. 손톱달만 덩그러니 떴잖아요. 신윤복은 어두워서 사방이 잘 보이지 않는 것을 이렇게 표현했습니다. 밤이라고 깜깜하게만 그리면 온통 검은색이 될 터이고, 반대로 너무 뚜렷하게 그리면 밤이란 느낌이 전혀 나지 않을 테니까요.

아무튼 어두운 밤입니다. 담벼락 아래 두 남녀가 보이는군요. 담이 한 번 꺾인 후미진 곳입니다. 자리가 자리인 만큼 제법 분위기가 으슥하군요. 가운데 담이 꺾인 부분은 화첩

● 손톱 달만 떠서 어두컴컴한 밤입니다.

이 접히는 자리입니다. 그걸 감안하고 일부러 그렇게 그렸 겠지요. 어두운 밤, 후미진 골목 길, 달빛은 있으나마나 한데 남자가 든 초롱의 불빛만 희미하게 흔들리고 있 습니다.

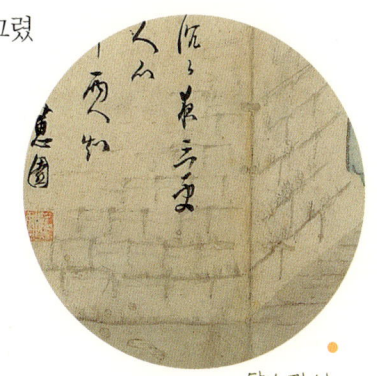

닿이 껏이 눈 부분은 마침 화첩이 접히는 자리입니다.

무엇을 볼까요?

남자의 얼굴은 왜 무표정할까요

갓 쓴 남자는 좀 앳돼 보이는군요. 수염이 없잖아요. 사랑하는 사람 을 만난다고 면도를 했다고요? 어허, 큰일 날 소리. '신체발부수지부 모'라는 말이 있거든요. 옛날에는 털끝 하나라도 함부로 자를 수 없었 습니다. 이런 밤에 은밀한 만남을 갖는 주인공으로는 아무래도 혈기 왕성한 젊은 남자가 어울리지요. 양태가 넓은 갓부터 날렵한 신발까 지, 말 그대로 머리끝에서 발끝까지 쫘악 빼 입었군요. 살짝 칠한 연두색 신발 코는 여인 의 같은 색 치마와 연결됩니다. 두 사람을 이 어주는 끈이겠지요. 보고 또 봐도 잘 생긴 얼 굴입니다.

그런데 선생님은 신윤복의 그림에 나오는

> **신체발부수지부모**
>
> '신체발부(身體髮膚)는 수지부모(受之父母)이니 불감훼 상(不敢毁傷)이 효지시야(孝之始也)'라는 글을 짧게 줄인 것입니다. 몸과 머리털과 피부는 부모님께 물려받은 것 이니 함부로 상하지 않게 하는 것이 효도의 시작이라는 뜻입니다. 그래서 우리 조상들은 머리털과 수염조차 깎 지 않고 길렀던 것입니다.

남자들을 볼 때마다 이상한 느낌이 듭니다. 하나같이 무표정한 얼굴에 눈썹은 모두 위로 치켜 올렸거든요. 어쩜 저렇게 똑같은지요. 마치 짙게 분장한 연극배우들 같습니다. 이건 신윤복의 재치입니다. 무슨 말이냐고요?『혜원전신첩』에 등장하는 양반들은 대부분 즐거운 놀이에 푹 빠져 있습니다. 아무리 양반이라지만 남들 보기에 눈살이 찌푸려질 수 있지요. 만약 실제 사람과 똑같게 그려보세요. 아무래도 경을 치지 않겠습니까. 그래서 하나같이 비슷한 표정으로 그린 거지요. 누가 누구인지 모르도록 말입니다.

오른손에 네모난 초롱을 들었습니다. 보통은 하인들이 들고 다니는데 여기선 손수 들었군요. 당연합니다. 비밀스러운 만남이니까요. 초롱의 불빛이 발그스름합니다. 달아오른 두 사람의 마음도 똑같겠지요. 왼손은 허리춤에 가 있습니다. 사랑하는 여인에게 선물이라도 꺼내주려는 걸까요.

머리 끝에서 발끝까지 멋을 내고 나왔습니다.

 무엇을 볼까요?

이 사람이 신윤복이라고요

여인은 쓰개치마를 썼습니다. 행여 벗겨질까 양끝을 오른손으로 꽉 움켜잡았네요. 보이지 않는 왼손은 치맛자락을 부여잡았겠지요. 발 모양 좀 보세요. 지금 남자를 따라 걸으려는 참이니까요. 치맛자락이 땅에 질질 끌리면 안 되잖아요. 쓰개치마를 움켜쥔 손은 조선 여인의 숙명이지만 치맛자락을 부여잡은 손은 이를 거부합니다. 작지만 당찬 저 발걸음을 보세요. 시대의 금기를 짓뭉개는 큰 발걸음입니다.

그래도 수줍은 마음은 어쩔 수 없습니다. 남자와는 달리 똑바로 마주보지는 못하는군요. 쓰개치마 속으로 얼굴이 반쯤 드러났습니다. 아주 젊고 예쁘장한 얼굴입니다. 자주색 옷고름과 소매 끝동, 맵시 있는 갖신으로 멋도 잔뜩 부렸네요. 어디서 많이 본 듯하지 않나요? 선생님은 「미인도」가 떠오릅니다.

신윤복에게 여인 전문화가라는 별명이 붙은 까닭이 있습니다. 『혜원전신첩』에서 보이는 깃처럼 많은 여인들을 그린 탓이지요. 하지만 또 하나 중요한 까닭이 있습니다. 신윤복 최고의 작품으로 평가받는 여인의 그림 때문입니다. 신윤복은 여인의 초상화가 없던 시대에 여인의 초상화를 남겼거든요. 금기란 금기는 모조리 깨어버리는 대담한 발상, 감탄하지 않을 수 없습니다.

「미인도」의 여인을 볼까요. 초승달 같은 눈썹, 마늘쪽 같은 코, 앵두같이 붉은 입술, 학처럼 길쭉한 목…… 전형적인 미인의 모습입니다. 통 큰 치마와 머리띠, 그리고 가슴에 단 노리개까지 한껏 멋도 부렸습니다.

법도에 따라 쓰개치마를 쓰고 있지만 당차 보이는 여인입니다.

「미인도」, 비단에 담채, 113.9× 45.6cm, 조선시대, 간송미술관 소장

그런데 마음은 수줍습니다. 어디에 손을 둬야 할지 몰라 가슴팍의 노리개만 만지작거리잖아요.

이 여인을 신윤복이 좋아했답니다. 그걸 어떻게 아느냐고요? 그림에 "그린 사람의 가슴에 사랑하는 마음이 서려 있어 원래 모습대로 똑같이 그려내었다"라는 제발이 씌어 있기 때문이지요. 화가니까 당연히 사랑하는 사람을 그림으로 남겼겠지요. 그렇다면 신윤복은 또 하나의 대표작인 『혜원전신첩』에도 그 여인의 모습을 남기지 않았을까요? 그리고 그건 바로 「몰래한 사랑」이 아닐까요? 어쩐지 이 여인은 「미인도」의 여인과 무척 비슷하군요. 그럼 남자는 신윤복이 되는 셈일까요? 하하하, 물론 상상일 뿐입니다. 설사 신윤복이 아니라고 한들 어떻습니까. 틀림없이 신윤복은 이 남자처럼 잘생긴 멋쟁이였을 겁니다.

쓰개치마 사이로 보이는 얼굴이 「미인도」 속 여인과 무척 닮았습니다.

무엇을 볼까요?

제발의 내용은 무엇일까요

왼쪽에 제발이 있습니다. 마치 담벼락에 낙서를 한 듯 휘갈겨 씌었군요. 원래 담에는 낙서가 많은 법이랍니다. 워낙 유명한 글귀이니 한

번 써 보겠습니다.

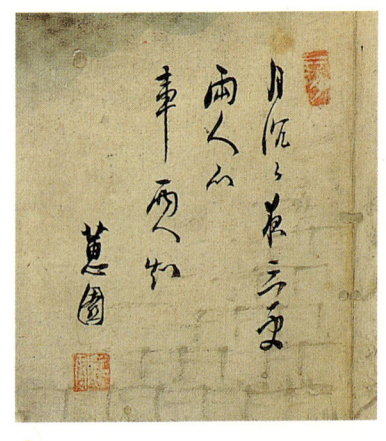

제발에는 무엇이라 써어 있는 걸까요?

月沈沈 夜三更 兩人心事兩人知

월침침 야삼경 양인심사 양인지

달빛 으스름한 한밤중
두 사람 마음은 두 사람만 알겠지

더할 것도 덜 것도 없네요. 그림의 내용과 딱 맞는 글입니다. 이 글귀에 맞춰 그림을 그렸다는 느낌이 들 정도입니다.

삼경은 밤 11시에서 1시 사이입니다. 모두가 잠든 깊은 밤이지요. 더구나 당시에는 밤중에 통행금지가 있었습니다. 선생님이 초등학교 다닐 때에도 그랬거든요. 함부로 돌아다니다가는 경찰서에 잡혀갔지요. 조선시대에도 마찬가지였습니다. 괜히 밤에 나돌아 다니다가는 큰일 납니다. 순라군(巡邏軍)에게 잡히면 곤장을 맞기도 했으니까요. 그런데도 두 사람은 위험을 무릅쓰고 만났습니다. 보통 사랑하는 사이가 아니로군요.

왜 두 사람은 한밤중에 만나야 했을까요. 집안에서 두 사람 사이를 반대했을까요, 신분이 달랐을까요. 아니면 이미 다른 사람과 결혼한 처지일까요. 자세한 사정은 모릅니다만 한 가지 분명한 건 있습니다.

이 두 사람이 서로 깊이 사랑한다는 사실이지요.

여러분은 남녀의 사랑에 대해서 귀가 닳도록 들었을 겁니다. 아아, 아직 그런 건 잘 모른다고요? 천만에요. 지금 이 자리에도 사랑에 대한 환상을 품은 친구들이 많을걸요. 맞습니다. 남녀의 사랑은 인류가 생긴 이래 단 한 순간도 끊이지 않고 이어져온 숭고한 일입니다. 밥을 먹고 잠을 자는 것 같은 본능에 속하지요. 그런데 아쉽습니다. 조선시대에는 밥 먹고 잠자는 건 허락해도 남녀의 사랑 표현은 공식적으로 금했으니까요. 아름다운 풍속을 해친다나요? 물론 그림으로 표현해도 절대 안 되는 일이었지요.

하지만 신윤복은 했습니다. 여기 두 남녀를 통해서요. 금기에 대한 강력한 도전입니다. 당시 사람들의 반응은 어땠냐고요? 물론 겉으로는 욕하고 무시했겠지요. 하지만 속으로는 환호성을 지르며 열광했을 것입니다. 아까도 얘기했잖아요. 사랑이란 잠자고 밥 먹는 것처럼 본능적인 현상이라고. 억압하는 게 오히려 순리에 어긋납니다.

 무엇을 볼까요?

두 사람은 지금 막 만난 참일까요, 헤어지려는 참일까요

흔히 두 사람이 한밤중에 만난 걸로 해석합니다. 손톱달과 제발에 있는 삼경이란 시간 때문이지요. 하지만 밀회를 즐긴 다음 헤어지는 장면이라는 의견도 만만치 않습니다. 왜냐고요? 역시 저기 떠 있는 달 때문입니다.

달이 저렇게 손톱 모양으로 뜨는 건 초승달과 그믐달 두 가지밖에 없습니다. 초승달은 막 생기기 시작한 달이고 그믐달은 보름을 지나 사라지는 달이지요. 그림의 달은 초승달에 가깝습니다. 달이라면 흔히 밤중에 뜬다고 생각하잖아요. 그런데 저렇듯 엎어 놓은 모양의 초승달은 밤중에 뜨는 일이 없고 날이 샌 후라야 뜬답니다. 여러분 곰곰이 생각해보세요. 반달이나 보름달 말고 밤중에 저런 초승달을 본 적이 있는지.

그믐달도 마찬가지입니다. 초승달보다 빨리 뜨기는 하지만 역시 새벽녘 동틀 무렵에 뜹니다. 그림의 달을 그믐달로 치더라도 한밤중이 아니라 새벽으로 봐야 한다는 얘기이지요.

결국 두 사람은 새벽녘에 만난 것입니다. 밤새도록 놀다가 지금 막 헤어지려는 참이지요. 달 주위의 푸르스름한 색깔도 동틀 무렵의 분위기를 나타내는 것 같잖아요. 결국 이 그림은 막 만난 시점을 그린 게 아니라 헤어지려는 참을 그린 그림이 되는 겁니다. 그렇다고 해도 두 사람의 사랑이 빛 바래는 건 아닙니다. 만남이 금지된 밤중에 만났다는 사실에는 변함이 없으니까요.

 이것이 궁금해요

옛날의 시간

옛날에는 시간을 지금처럼 숫자를 써서 표시하지 않고 띠를 상징하는 12가지 동물로 나타냈습니다. 이를 12지(支)라고 하는데, 시간은 물론 월·년·방위까지 포함했습니다.

옛날의 시간	해당 동물	지금의 시간	다른 이름	뜻
자시(子時)	쥐	밤 11시~1시	삼경(三更)	가장 깊은 밤
축시(丑時)	소	1~3시	사경(四更), 계명(鷄鳴)	닭이 욺
인시(寅時)	호랑이	3~5시	오경(五更)	-
묘시(卯時)	토끼	5~7시	일출(日出)	해가 뜸
진시(辰時)	용	7~9시	식시(食時)	아침밥을 먹음
사시(巳時)	뱀	9~11시	-	-
오시(午時)	말	11~낮 1시	일남(日南)	해가 정남쪽에 위치
미시(未時)	양	1~3시	-	-
신시(申時)	원숭이	3~5시	-	-
유시(酉時)	닭	5~7시	일입(日入)	해가 짐
술시(戌時)	개	7~9시	황혼	어두워짐
해시(亥時)	돼지	9~11시	이경(二更), 인정(人定)	-

제2교시

어험! 누구 보는 사람도 없는데

「달밤의 만남」

달밤의 만남이 또 있습니다. 그래도 아까 본 그림과는 좀 다릅니다. 환한 보름달이 떴잖아요. 담벼락에 붙어서 지켜보는 사람도 있습니다. 아슬아슬한 첩보 영화 같군요. 남자도 바뀌었습니다. 갓 대신 전모를 썼고 초롱 대신에 무기를 들었잖아요. 씩씩한 무인입니다. 여인도 바빴나 봐요. 쓰개치마는 미처 쓰지도 못했거든요. 왜 이렇게 밤에만 만나는 걸까요. 다들 불면증이라 잠도 없나 봅니다.

「달밤의 만남」, 종이에 수묵담채, 28.2×35.3cm, 『혜원전신첩』에 수록, 간송미술관

이게 과연 옛날 그림일까요

아니, 여기가 조선 시대 맞나요? 남녀가 끌어안고 있는 장면이라니요!

왼쪽 귀퉁이에 살짝 달이 걸렸습니다. 이번엔 환한 보름달입니다. 덕분에 으슥한 느낌은 훨씬 덜하군요. 「몰래한 사랑」과는 달리 모든 게 뚜렷합니다. 담장 위에 얹힌 기와도, 집안의 나무도 선명하게 보입니다. 보름달과 초승달의 차이이지요.

아무리 보름달이래도 밤은 밤입니다. 사방이 쥐죽은 듯 조용하겠지요. 하지만 세상이 다 잠들지는 않습니다. 눈을 감고 들어보세요. 멀리서 가끔 개 짖는 소리도 들립니다. 순라군들의 딱따기 소리도 빠지지 않습니다. 나뭇잎이 무성한 여름밤이니 풀벌레 울음소리도 거들겠지요. 그렇습니다. 그림을 볼 때는 눈만 아니라 귀도 열어놓아야 합니다. 그래야 제대로 된 감상이 되지요.

다시 눈을 떠 보세요. 담벼락 아래 두 남녀가 보이는군요. 신윤복은 철저하게 남녀를 짝 지워놓았습니다. 그게 자연스러웠던 거지요. 그런데 이번엔 문제가 심각하군요. 두 남녀가 꼭 끌어안았으니 말이지요. 물론 「연꽃과 가야금」에도 끌어안은 남녀가 있었습니다만 정도가 덜했거든요. 여긴 서로 마주 보고 안 앉았습니다. 마치 입맞춤이라도 하는 듯한 모습이잖아요. 조선의 그림 역사를 통틀어 가장 파격적 장면입니다. 옛 그림인지 요즘 그림인지 도대체 분간이 안 갈 지경입니다.

> **순라군과 딱따기 소리**
>
> 순라군(巡邏軍)은 도둑과 화재를 예방하기 위해 밤에 궁궐과 도성을 순찰하던 군인을 말합니다. 모두 8패로 나누었는데 패장 1명과 순라군 8명이 한 패를 이루었습니다. 순찰은 밤 10시에서 새벽 4시까지 돌았으며 이때 돌아다니다가 들킨 사람은 근처에 있던 경수소(警守所)에 가뒀다가 날이 밝으면 곤장을 쳤습니다. 특히 순라군은 순찰을 돌 때 두개의 막대기를 서로 부딪쳐 딱딱 소리를 내어 신호를 했습니다. 딱따기라고 부르는 이 두개의 막대기는 순라군을 상징하는 물건이 되었습니다.

무엇을 볼까요?

남자의 정체는 무엇일까요

먼저 남자부터 볼까요. 어디서 많이 보던 모습입니다. 전립을 쓰고 전복까지 입었잖아요. 맞습니다. 포도청의 포졸 옷 차림이지요. 순찰도 돌고 도둑도 잡고 전쟁 때는 나가서 싸우기도 합니다.

남자가 손에 든 이 물건은 뭘까요?

그런데 손에 든 물건이 수상쩍네요. 포졸이라면 창이나 육모방망이를 들어야 하잖아요. 이건 상당히 특이합니다. 창은 분명 아닌 것 같은데……. 그렇습니다. 이건 쇠도리깨라고 하는 물건입니다. 포졸을 지휘하는 포교들의 무기이지요. 「몰래한 사랑」에서는 갓 쓰고 초롱을 든 양반, 여긴 전립을 쓰고 쇠도리깨를 든 무인. 어째

> **포도청**
>
> 조선시대 한양과 경기도의 치안을 맡아보던 좌·우 포도청을 합쳐 부르는 명칭으로 포청이라고도 합니다. 최고 책임자는 포도대장, 바로 밑은 종사관입니다. 종사관은 대장을 보좌하고 여러 가지 행정 실무를 맡았습니다. 그 밑의 부장은 범인을 잡는 증명서인 통부를 차고 포도군관과 포졸을 거느리고 성 안팎을 순찰하며 치안을 담당했습니다. 포졸은 허리에 붉은 오랏줄을 차고 다니며 도둑을 잡아 묶었습니다.

분위기가 많이 다르네요. 저것 보세요. 사랑을 속삭이는 순간에도 쇠도리깨를 꽉 잡은 채 놓지 않았습니다. 그래서일까요. 여인을 끌어안은 손이 좀 우악스러워 뵈는군요.

포교는 아까 양반과는 달리 밤에 돌아다녀도 되는 신분입니다. 순찰을 돌아야 하니까요. 그런데 업무 태만이군요. 할 일은 팽개치고 여인을 만나잖아요. 순찰을 돌다가 우연히 만났을까요? 천만에요. 한밤중인데 어떻게 그랬겠어요. 아무래도 사전에 약속을 했겠지요. 여인의 차림새는 평범합니다. 쓰개치마도 없습니다. 이게 무슨 뜻일까요? 그렇지요. 바로 여인이 사는 집 앞이라는 말이지요. 높다란 담장 좀 보세요. 여긴 양반들이 사는 주택가입니다. 하지만 그림 속 여인이 양반집 출신은 아닙니다. 신발도 짚신이고 옷차림도 초라하니까요. 아마도 양반집 하인 같습니다. 잠깐 나온 거지요. 이 시간쯤이면 포교가 온다는 걸 알고 기다렸습니다.

포교가 끌어안자 조금은 부끄러운 듯 몸을 빼려 합니다. 아무리 한밤중이지만 누가 보면 어떡합니까. 포교는 무뚝뚝하고 낮은 목소리로 핀잔하겠지요. "이 밤에 누가 본다고 그

여인의 차림새로 보아 뒤로 보이는 집에 사는 것 같습니다.

래." 여인의 얼굴 표정을 봤으면 좋겠는데……. 아니 소용 없겠군요. 신윤복의 그림 속 인물들은 대부분 표정이 없으니까요.

정말 입맞춤이라도 하는 걸까요. 글쎄요. 두 사람 발끝이 마주 보지 않았군요. 포교는 벌써 걸음을 내디디려는 중입니다. 여인과의 만남을 느긋하게 즐기기에는 마음이 편치 않았던 거지요. 하던 일이 있으니까요. 그래서 쇠도리깨도 꽉 잡고 있습니다.

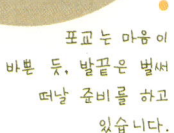

포교는 마음이 바쁜 듯, 발끝은 벌써 떠날 준비를 하고 있습니다.

여인의 발 모양 좀 보세요! 담벼락에 딱 붙으려고 안간힘을 씁니다.

 무엇을 볼까요?

저 여인은 왜 숨어서 지켜보고 있을까요

옆에 숨어서 지켜보는 여인이 있군요. 장옷을 입었습니다. 외출 준비를 하고 나왔다는 뜻이지요. 자주색 고름에 파란색 치마를 갖춰 입은 옷차림이 아주 곱습니다. 맵시 있는 연두색 갖신까지 신었습니다. 아, 저기 발 모양 좀 보세요. 너무 재미있지 않습니까. 발끝을 벌려 담벼락에 바싹 붙었습니다. 저렇게 하기도 쉽지 않은데……. 그렇습니다. 들키면 안 된다는 마음의 표현이

지요. 몰래 미행이라도 했던 걸까요. 아슬아슬한 느낌이 절로 납니다.

이 여인은 누구일까요? 포교의 부인일까요? 포교가 다른 여인을 만난다는 사실을 눈치 채고 정말 미행이라도 하던 중일까요. (그럼, 숨어 있지 말고 당장 두 사람 앞에 나타나야겠지요.) 아니면 두 사람이 맘 놓고 만나도록 망을 봐주는 걸까요. (그럼, 고개를 반대쪽으로 돌리고 있어야겠지요.) 아니면 기생인데 포교와 같이 가다가 포교의 부인을 만나 숨은 걸까요. (그럼, 지금 포교는 부인을 만나 변명하는 중이겠지요.) 별의별 추측이 난무합니다.

쉽게 생각하면 어떨까요. 이 여인은 포교와 아무 상관이 없는 겁니다. 밤중에 급한 일로 잠깐 외출했다가 우연히 골목에서 끌어안은 두 남녀를 보았던 거지요. 갑자기 나타나기가 어색합니다. 괜한 호기심도 생깁니다. 무엇보다도 포교한테 들키면 큰일 납니다. 밤중에 함부로 돌아다니면 안 되잖아요. 그래서 숨어서 보고 있는 게 아닐까요.

사실 이 여인은 없어도 됩니다. 두 남녀가 몰래 만나는 것만으로도 충분히 그림이 되니까요. 그런데 신윤복의 눈에는 여전히 밋밋했던 모양입니다. 아슬아슬한 분위기를 더 돋우기 위해 이 여인을 집어넣은 거지요. 「굿」에서도 일부러 담 밖의 남자를 훔쳐보는 여인을 그려 넣었잖아요. 신윤복의 발상이 대단히 특이합니다. 옛 그림에서 훔쳐보는 건 대개 남자들의 몫인데 두 번씩이나 여인들을 주인공으로 만들었으니까요.

위에서 내려다보는 느낌이 나요

이 그림은 사선 구도입니다. 이미 「굿」이나 「탁발」에서도 보았던 구도이지요. 원형과 X자 구도를 즐겨 쓴 김홍도와 달리 신윤복은 일자구도나 이런 사선 구도를 많이 썼습니다. 이런 구도를 쓰면 공간을 넓게 활용할 수 있습니다.

오른쪽 위에서 왼쪽 아래로 비스듬하게 길이 나 있습니다. 길을 따라 늘어선 양쪽의 담장도 비스듬합니다. 세 사람 역시 길을 따라 비스듬하게 섰습니다. 이 모든 것들이 부감법으로 처리되었습니다. 약 15도 정도 위에서 내려다본 장면이지요. 『혜원전신첩』 대부분의 그림이 이렇지요. 역시 「술집」처럼 담 너머로 몰래 훔쳐보는 느낌이 납니다. 여인 말고도 또 하나 훔쳐보는 눈길이 있는 셈이지요. 그림을 보는 모든 사람들이 그런 느낌이 들도록 했습니다. 더욱 비밀스럽고 아슬아슬

● 이 그림은 신윤복이 많이 사용하는 사선 구도로 돼 있습니다. 공간을 넓게 쓸 수 있다는 장점이 있지요.

부감법(俯瞰法)

그림에서 거리감을 나타내는 표현법입니다. 흔히 조감법(鳥瞰法, bird's-eye view)이라고도 합니다. 새가 하늘에서 내려다본 것처럼 그렸다는 뜻입니다. 그림에서 자주 사용되는 기법 중 하나로 지금도 관광안내도나 지도를 그릴 때 많이 쓰입니다. 옛 그림에서도 산수화나 민화에서 자주 나타나며 넓은 지역을 한곳에 그릴 수 있는 장점이 있습니다.

● 연인에게 아늑한 장소를 제공하려고, 신윤복은 담벼락을 두 번 꺾어 놓았습니다.

하잖아요.

하지만 「몰래한 사랑」에 비해 애틋한 마음은 덜합니다. 달도 너무 환하고, 무기를 든 무인의 모습도 딱딱하고, 누군가 지켜보는 사람도 있으니까요. 그래서 그런지 화가는 담벼락을 두 번이나 꺾어 놓았습니다. 만남의 장소를 좀 더 비밀스럽고 아늑하게 보이도록 배려를 한 거지요. 조선시대에 이런 그림을 그렸다니, 다시 한 번 놀랄 뿐입니다.

 더 알아보아요

옛날의 무기

옛날에 가장 흔한 무기는 칼과 창, 그리고 활이었습니다. 주로 전쟁에서 적군을 살상하는 무기이지요. 치안을 유지할 때 사용하는 무기들은 따로 있었습니다. 살상용이라기보다는 일시적인 충격을 주기 위한 무기였지요.

대표적인 치안용 무기는 **육모방망이**입니다. 포도청의 포졸들이 사용하는 짧은 방망이이지요. 더 강한 충격을 주기 위하여 여섯 면으로 깎았기에 육모방망이라고 합니다. 주로 박달나무로 만들었는데 끝에 줄을 달아 손목에 묶어서 사용했습니다. 오늘날 경찰봉이 경찰을 상징하듯 육모방망이는 포졸을 상징하는 무기입니다.

쇠도리깨는 포교들이 갖고 다니던 무기입니다. 쇠로 만든 막대 끝에 다이아몬드 모양의 추를 한두 개 달아 휘두르는 거지요. 이와 비슷한 무기로 **편곤**이 있습니다. 편곤은 쇠도리깨보다 훨씬 길고 쇠 대신 나무 막대를 썼습니다. 또 **곤봉**이라는 무기도 있었습니다. 아무것도 달지 않은 나무 막대기인데 약 150센티미터 정도의 길이로 무예 연습을 할 때 사용했습니다.

철퇴라는 무기도 있습니다. 짧은 나무 자루 끝에 무겁고 둥근 쇳덩어리를 달았지요. 나무 손잡이 끝에는 끈을 달아 손목에 감을 수 있게 했습니다. 나무 자루 대신 쇠사슬로 연결하기도 했지요. 철퇴는 별다른 훈련 없이 힘만 있으면 효과적으로 사용할 수 있습니다.

철퇴와 비슷한 무기로 **차폭**이 있습니다. 왕을 호위하는 군사들의 무기였지요. 머리 모양이 참외처럼 울퉁불퉁해서 과(瓜, 참외 과)라고도 합니다. 무기라기보다는 왕의 위엄을 과시하는 행사용 도구에 가깝습니다.

신나는 중간놀이
다섯이다, 여섯이야!
「쌍륙」

지금은 잘 볼 수 없는 놀이입니다. 장기나 윷놀이 같기도 하고 서양의 체스 같기도 합니다. 아니 이 세 가지를 섞었다는 게 정확한 표현이겠네요. 요즘 몇몇 초등학교에서 방과 후 활동으로 배우기도 한답니다. 친구들과 사이도 좋아지고 지능 발달에도 도움이 된다니까요. 옛날에는 너무 즐기다가 깊이 빠져들어 불을 내기까지 했답니다. 그만큼 재미있다는 뜻이겠지요. 여러분도 이번 기회에 배워두면 좋겠네요.

「쌍륙」, 종이에 수묵담채, 28.2×35.3cm, 『혜원전신첩』에 수록, 간송미술관

쌍륙놀이는 어떻게 하는 걸까요

체스

장기와 비슷해서 서양장기라고도 합니다. 세로 8칸, 가로 8칸으로 나뉜 체크무늬 판 위에 각각 16개의 검은색, 흰색 말을 놀려 상대편 왕을 움직이지 못하게 하는 놀이입니다. 각각의 말은 종류에 따라 각기 다른 방법으로 움직여야 합니다. 체스는 인도나 중국의 고대 장기에서 유래되었으며 각 나라마다 비슷한 놀이가 전해집니다.

네 사람이 보입니다. 남자 둘 여자 둘, 역시 쌍을 이뤘네요. 양반과 기생 들이 함께 어울렸나 봅니다. 무슨 놀이일까요? 남녀 한 쌍이 낯선 놀이판을 두고 마주 앉았습니다. 판 위에 놓인 말 모양이 서양의 체스와 비슷하군요.

저 양반 좀 보세요. 쓰고 있던 탕건을 한쪽에 팽개쳤습니다. 두루마기는 또 어디 벗어 두었나요. 배자만 보이네요. 그래도 담뱃대는 꼭 물었습니다. 골똘히 생각에 빠진 거로군요. 지금 맞은편 여인이 말을 잡았습니다. 다음 수를 생각하는 것이겠지요. 무슨 놀이인데 저렇게 정신을 쏙 빼앗겼냐고요? 바로 쌍륙이지요.

쌍륙은 두 개의 주사위를 던져 나온 숫자대로 말을 움직여 먼저 나는 쪽이 이기는 놀이입니다. 두 개의 주사위와 놀이판, 각각 16개의 말이 필요하지요. 보통 두 명이 하지만 네 명이 편을 가르기도 합니다. 특이한 점은 한꺼번에 주사위를 두 개씩 던진다는 점입니다. 당연히 두 개 주사위 모두 6인 '6·6'이 가장 좋은

무척 열중하고 있는지 탕건도, 두루마기도 다 벗어던졌습니다.

수가 되지요. 이를 '줄륙' 또는 '쌍륙'이라 했습니다. 그래서 쌍륙놀이라고 부르게 된 거지요. 놀이에 이기려면 무엇보다 좋은 수가 나와야 하지만 이에 못지않게 말도 잘 부려야 합니다. 이건 윷놀이와 비슷하군요.

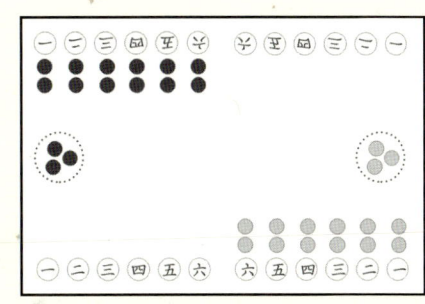

쌍륙판

얼마나 재미난 놀이였을까요

그림을 다시 볼까요. 여러분은 어떤 장면이 가장 눈에 띕니까? 선생님은 쌍륙 치는 사람보다 오히려 뒤에서 지켜보는 양반이 재미있습니다. 쌍륙 치는 남자는 두루마기와 탕건까지 벗어젖혔는데 이 양반은 갓 아래 복건까지 받쳐 쓴 점잖은 차림이잖아요. 마치 지나가던 사람이 슬쩍 들여다보는 모습 같군요. 노는 장소나 남녀의 짝을 고려하면 이들은 틀림없는 일행입니다. 그런데 왜 저렇게 소 닭 보듯 쳐다보냐고요?

그럴 만한 까닭이 있지요. 점잖은 양반들은 쌍륙이 공부나 품행을 망친다고 안 좋게 봤거든요. 놀이에 빠지다 보면 당연히 공부에는 소

이 양반은 쌍륙 놀이를 못마땅해 하면서도 호기심이 이는 건 어쩔 수 없는지 판을 기웃거립니다.

홀해지겠지요. 또 서로 이기려다 보니 필요 없는 경쟁심도 부추깁니다. 이런 판이니 쌍륙을 좋게 볼 리 없겠지요. 그런데 놀이가 무척 재미있었나 봅니다. 탄성도 막 내뱉었나 보지요. 결국 호기심을 못 이긴 양반이 쌍륙판을 기웃거립니다. 그래도 양반 체면이 있습니다. 가까이 다가설 수는 없고 멀찍이 떨어졌군요. 그것도 짐짓 관심 없는 척 뒷짐까지 졌습니다. 그놈의 체면이 뭔지.

쌍륙은 참 재미있는 놀이였습니다. 간단한 도구만 있으면 실내외를 가리지 않고 즐길 수 있었기에 널리 유행했지요. 처음 인도에서 발생하여 중국을 거쳐 우리나라로 건너왔습니다. 바둑이나 장기보다 쉬웠기에 여인들 사이에도 널리 퍼졌지요. 양반집에서는 신부의 혼숫감으로 쌍륙판을 꼭 챙겼다고 합니다.

물론 남자들도 즐겨 했습니다. 심지어는 혼자서도 즐겼다고 합니다. 어떻게 했냐고요? 자기의 양손을 각각 두 편으로 나누어 번갈아 가며 주사위를 던지는 거지요. 연암 박지원은 『열하일기』라는 책에 이렇게 썼습니다.

긴 봄날 우두커니 앉아 쌍륙을 친다. 오른손이 한편, 왼손이 또 한편이다. 주사위를 던지면서 "다섯이다, 여섯이야!" 소리를 막 지른다. 같은 내 손인데도 너와 내가 있어 이기고 지는 것에 신경이 쓰인다.

박지원 같은 점잖은 선비가 혼자서 소리치며 노는 모습을 상상해 보세요. 절로 웃음이 나오지 않나요.
　이런 일도 있었습니다. 성종 임금 때 문소전(文昭殿) 태조와 태종 왕비의 위패를 모신 사당에서 왕실 종친과 제사를 돌보는 하인이 쌍륙놀이를 했나 봅니다. 그런데 서로 다툼이 생겨 이리 밀치고 저리 밀치다가 그만 화로를 걷어차서 불이 났답니다. 하찮은 놀이에 빠져 사당을 다 태워버릴 뻔했지요. 그만큼 널리 유행했다는 뜻입니다.

 무엇을 볼까요?

왜 저렇듯 놀이에 열중했을까요

　쌍륙 치는 그림은 또 있습니다. 김준근의 그림이지요. 여긴 실내입니다. 역시 남녀가 맞붙었네요. 옆에서 담뱃대를 문 양반들이 정신없이 쳐다봅니다. 술상과 화로도 놓였습니다. 저러다가 화로를 건드리면 불이 나는 거지요.
　쌍륙과 비슷한 놀이도 많았습니다. 바둑, 장기, 윷놀이, 종경도 놀이 등등. 다른 건 다 아는데 종경도 놀이가 낯설다고요? 이건 벼슬놀이입니다. 조선시대에는 벼슬하는 것이 최고의 꿈이었잖아요. 이걸 놀이로 만든 것이지요. 오각형의 승경도알을 던져 나온 숫자대로 벼슬이

김준근, 「쌍륙」, 『기산풍속화첩』에 수록, 독일 함부르크 인류학 박물관

올라갑니다. 최고의 벼슬은 영의정이고, 물론 벼슬에서 쫓겨나는 파직도 있습니다.

선생님도 어렸을 때 비슷한 놀이를 했습니다. 뱀 주사위 놀이라고 아는지 모르겠네요. 주사위를 던져 나온 수대로 말을 움직이는데, 운이 좋으면 고속도로를 타고 빨리 목표에 도착하고 운이 나쁘면 뱀을 타고 도로 밑으로 미끄러져 내려오는 놀이이지요. 어쩌다 뱀에 걸리면 막 울었던 기억이 납니다.

사람들은 왜 이런 놀이에 열중했을까요. 아무래도 세상살이의 축소판이기 때문 아닐까요. 놀이판은 세상, 말은 사람입니다. 실제 세상은 뜻대로 잘 안 되는데 놀이판이라면 사정이 다릅니다. 지든 이기든 내 멋대로 움직여 볼 수 있으니까요. 그래서 환호하는 거지요.

이제 우리도 쌍륙을 쳐 봐야지요. 좋은 수가 나올 때마다 크게 외쳐 주세요. "다섯이야, 여섯이야!" 하지만 너무 빠지진 마세요. 뜻대로 안 된다고 화도 내지 마세요. 비록 놀이판이지만 결코 만만치 않은 세상이랍니다.

김준근, 「종경도 놀이」, 종이에 수묵채색, 23.2×16.0cm, 숭실대박물관

 어떤 사람일까요

박지원과 『열하일기』

　박지원(1737~1805)은 조선 후기의 문인이며 실학자로 김홍도와 비슷한 시기를 살았습니다. 어려서 아버지를 여의고 할아버지 밑에서 자라면서 옛 학문을 익혔으나 서른 살 때 실학자 홍대용과 만나면서 서양의 신학문을 접했습니다. 마흔네 살 때 중국 사절단을 따라 여러 달 동안 청나라를 여행하면서 보고 들은 것을 『열하일기』라는 책으로 남겼습니다.

　박지원은 청나라의 실제적인 생활과 기술을 눈여겨보았습니다. 그런 다음 조선의 정치·경제·사회·문화 등 각 방면에 걸쳐 개혁을 논하였습니다. 자유기발한 문체로 쓴 『허생전』『양반전』『호질』등의 소설을 통하여 당시 양반의 타락을 비판하고 새로운 인간상을 제시했습니다. 실학인 북학파의 대표자로 이덕무, 박제가, 유득공, 이서구 등 유명한 실학자를 제자로 두었습니다. 그의 이론은 소설·문학·철학·정치·경제·천문학·군사·농업 등 여러 분야에 영향을 끼쳤습니다.

　『열하일기』는 박지원이 중국 여행을 하면서 보고 들은 내용을 기록한 26권 10책의 방대한 기행문입니다. 중국의 풍속·제도·문물에 대한 소개와 조선의 제도·문물에 대한 비판이 들어 있기도 한, 일종의 문명 비평서라고 할 수 있습니다. 앞서 말한 소설도 여기에 수록되었습니다.

　『열하일기』는 공식적으로 세상에 나오기도 전에 베낀 필사본부터 널리 퍼졌는데 이제껏 없었던 자유분방한 문체 때문에 보수 유학자들로부터 수많은 비판을 받았습니다. 정조 임금까지 박지원에게 반성문을 써내라는 명을 내릴 정도였습니다.

제3교시

숨겨진 제목을 찾아라
「무제」

같은 주제의 작품이 계속 이어집니다. 등장인물의 수만 달라지는군요. 「달밤의 만남」은 세 명, 「몰래한 사랑」은 두 명, 그리고 이번 작품은 한 명입니다. 사람 수는 달라도 주제는 역시 '사랑' 이지요. 제목은 뭐냐고요?

이번 그림은 「무제」입니다. 제목이 없다는 뜻이지요. 물론 원래 제목이 없는 그림은 아닙니다. 선생님이 지워버렸습니다. 여러분이 더 그럴듯한 제목을 붙여보라는 뜻이지요. 친구들의 별명도 참 잘 짓는 여러분, 이번 시간에 끝나면 이 그림에도 멋진 제목이 붙겠지요.

「무제」, 종이에 수묵 담채

 무엇을 볼까요?

작품 제목은 누가 붙일까요

『혜원전신첩』에 들어 있는 작품 수는 30점입니다. 우리는 지금까지 열서너 점만 추려서 보았지요. 원래 각 작품에는 네 글자로 된 한자 제목이 있습니다. 「싸움」은 '기방난투(妓房亂鬪)', 「칼춤」은 '쌍검대무(雙劍對舞)', 「굿」은 '무녀신무(巫女神武)'…… 이런 식이지요.

신윤복이 직접 붙인 제목은 아닙니다. 『혜원전신첩』은 한때 일본 사람의 손에 있었습니다. 그러다가 일제강점기에 전형필 선생님이 비싼 값을 주고 다시 사들였지요. 이를 기뻐한 오세창 선생님이 『혜원전신첩』이란 이름을 지어 붙였고 각 작품마다 내용에 맞는 한자 제목도 붙여준 거지요.

다시 말하면 화가 스스로 제목을 달지 않는 이상 누구나 제목을 붙여도 괜찮다는 말입니다. 선생님은 이번 옛그림학교의 마지막 작품을 보면서 여러분도 이런 일을 한 번쯤 해보았으면 하는 바람을 갖게 되었습니다. 그래서 이미 잘 알려진 이 작품의 제목을 「무제」라고 한 거지요. 여러분이 멋진 제목을 붙여 달라는 뜻입니다.

> **오세창(1864~1953)**
> 서예가·미술평론가이자 독립운동가입니다. 호는 위창(葦滄)으로 3·1운동 때 민족 대표 33인 중의 한 사람입니다. 개화파였던 아버지 오경석의 영향으로 일찍이 개화사상을 접했으며 신문기자를 거쳐 여러 벼슬까지 지냈습니다. 민족의 독립을 위해 애쓰다가 3·1운동 때 투옥되기도 했습니다. 출옥 후에는 그림과 글씨에 전념하였습니다. 화가 인명사전인 『근역서화징』을 썼고 붓글씨에서도 독특한 서체로 일가를 이루었습니다. 그림과 글씨를 보는 눈이 뛰어나 평론가로도 이름을 떨쳤습니다.

참, 한 가지 빠뜨린 사실이 있습니다. 우리가 읽을 이 마지막 작품은 『혜원전신첩』에 들어 있지 않습니다. 신윤복의 다른 작품으로 알려졌지요. 이제 그림 속으로 들어가 볼까요.

 무엇을 볼까요?

여인은 누굴 기다리는 중일까요

● 담장 너머로 붉은 꽃망울을 터뜨린 나무가 있는 걸 보니 봄인가 봅니다.

가운데 밑동이 제법 굵은 나무 한 그루가 서 있습니다. 가지가 죽죽 늘어진 걸 보니 수양버들이군요. 담장 너머로 붉은 꽃망울을 터뜨린 나무도 보입니다. 그러고 보니 계절은 봄이로군요.

나무 옆에 한 여인이 섰습니다. 담벼락에 기대었네요. 뒷짐을 쥔 채 고개를 돌렸습니다. 밖을 바라보는 걸로 봐서는 누굴 기다리는 모양입니다. 얼굴 표정이 보이면 짐작이라도 하련만. 그렇다고 너무 답답해하지는 마세요. 이런 점이 이 그림의 빼어난 매력이니까요. 생각해 보세요. 여인이 우리를 정면으로 빤히 쳐다보고 있다면? 은근한 매력은 완전히 사라지고 말 겁니다. 우리가 여인의 표정을 만들어 가야 하는 거지요.

누굴 기다리고 있을까요? 함부로 담장 밖을 나서지 않았습니다. 바

깎출입이 자유롭지 못한 처지이지요. 기다리는 사람이 피치 못할 이유로 떠난 것 같습니다. 그게 누구일까요? 해답은 바로 여인이 등 뒤에 든 물건에서 찾을 수 있습니다.

앞에서 김홍도의 「시주」를 보았는데 기억하나요? 여인이 들고 있는 것은 거기서 목탁을 두드리는 스님이 쓰고 있는 송낙이라는 모자입니다. '송라'라는 풀로 엮어서 만들었는데 주로 스님들이 쓰고 다녔지요. 그럼, 이 여인이 기다리는 사람은 스님이라는 말이군요. 아니, 수행에 힘써야 할 스님과 사랑을 나누다니요. 애초부터 이루어지지 않을 사랑이었군요. 그러고 보니 저렇게 송낙을 쥐고 하염없이 기다리는 모습이 더욱 애처롭게 다가옵니다.

이 그림은 「기다림」이니 「그리움」이니 하는 제목으로 잘 알려졌습니다. 그림 속에 안타까운 사연이 들었기 때문이지요. 그런데 제목이 너무 막연합니다. 추상명사로 제목을 붙이면 가슴에 퍼뜩 와 닿지 않거든요. 한 번쯤 그림을 더 돌아보게 되지요. 과연 「기다림」이니 「그리움」이니 하는 제목이 어울리기는 하나요?

거꾸로 한번 생각해 봅시다. 만일 어떤 사람이 「기다림」이니 「그리움」이니 하는 주제를 주고 그림을 그리라고 했습니다. 여러분은 어떻

얼굴을 돌리고 있지만 어떤 표정을 짓고 있을지 상상해 보아요!

손에 들고 있는 물건은 무얼까요?

게 그리겠습니까? 참 어려운 일이지요. 차라리 놀거나 싸움을 하거나 투호를 던지는 그림이라면 쉬울 텐데……. 그런데 옛날에는 이런 일이 많았답니다.

 무엇을 볼까요?

꽃향기를 그릴 수가 있을까요

옛날 중국 송나라에 휘종이라는 황제가 있었습니다. 휘종은 그림을 사랑했을 뿐만 아니라 잘 그리기도 했습니다. 황제 자신이 뛰어난 화가였던 셈이지요. 휘종은 가끔 궁궐에서 그림 대회를 열었는데 미리 제목을 정해주기도 했답니다. 하루는 이런 제목을 내걸었습니다.

꽃을 밟으며 달리는 말의 발굽에서 나는 향기

생각해 보세요. 말발굽에서 나는 향기를 그리라니요. 꽃을 밟고 달리는 말 그림이라면 몰라도, 대체 향기를 어떻게 그려냅니까. 모두들 끙끙 앓았지요. 결국 대부분은 여인들이 말을 타고 꽃밭을 지나가는 그림을 그렸답니다. 너

휘종(1082~1135)

중국 북송의 8대 황제이자 화가·서예가로도 유명합니다. 문학과 미술에 관심이 많아 여러 미술 책을 편찬하도록 했고 황제 자신이 화가들을 가르칠 정도였습니다. 예술을 장려하고 많은 예술가들을 도와주었는데 정치에는 큰 뜻이 없었습니다. 그러다가 여진족의 세력이 커지자 황제 자리를 아들에게 물려주었습니다. 결국 여진족의 침략을 받아 북송은 멸망했고 휘종은 비참한 귀양살이 끝에 죽었습니다.

무 평범하지요. 물론 손도 못 댄 사람들도 많았습니다.

그럼 대체 1등은 누가 했냐고요? 꽃을 따서 종이에 문질러 정말 향기가 나게 했다고요? 하하하, 기발한 생각입니다만 그건 그림이 아니잖아요. 1등은 바로 '달리는 말꽁무니를 쫓아가는 나비 떼'를 그린 작품이었습니다. 꽃을 밟고 간 말발굽에 꽃향기가 묻었을 테니 나비가 쫓아가는 건 당연하지요. '에이, 그까짓 것, 별게 아닌데'라고요?

한번 바꿔 생각해 봅시다. 이번에는 달리는 말꽁무니를 쫓아가는 나비를 그렸습니다. 제목을 뭐라고 정하면 좋겠습니까? 이것도 참 난감한 질문이네요. 하지만 잘 살펴보면 그림이 하고 싶어하는 얘기가 틀림없이 있습니다. 이게 작품의 주제고 제목이 되는 것이지요. 여러분도 그림 속에 숨은 뜻을 잘 찾아내어 제목을 붙일 줄 알아야 합니다.

 무엇을 볼까요?

이젠 제목을 붙일 수 있겠지요

이 그림은 아주 단순합니다. 색채도 화려하지 않고 등장인물도 단 한 사람뿐이지요. 하지만 쉽지 않은 그림입니다. 얼굴을 돌려 표정도 알 수 없잖아요. 정말 그림을 잘 볼 줄 안다는 건 이런 작품 속에 숨은 화가의 뜻을 잘 읽어내는 거지요.

여러분은 이 작품 제목을 어떻게 붙이겠습니까? 귀찮은데 그냥 알려진 대로 「기다림」이나 「그리움」으로 할까요? 편하기는 하겠지만 우리 옛그림학교에 들어온 친구들의 태도로 바람직하지는 않군요. 선생님이 여러분의 생활을 지켜보면 생김새나 행동에 꼭 들어맞는 별명을 지닌 친구들이 많더군요. 놀라운 사실은 대부분의 별명을 친구들이 붙였다는 겁니다. 그래요. 너무 어렵게 생각하지 말고 친구들의 별명을 붙이듯, 그림에도 별명을 붙여준다고 생각하면 쉽겠지요.

또 한 가지 알려줄 사실이 있습니다. 이건 신윤복의 그림이 아닐 수도 있어요. 그럼, 가짜 그림을 공부한 거냐고요? 그럴지도 모릅니다. 물론 그림에 있는 글자와 인장은 '혜원'이라고 돼 있습니다. 바로 신윤복의 호이지요. 그림 솜씨도 보통이 아닙니다. 하지만 혜원이라는 글자와 도장이 진짜와는 좀 차이가 있다고 합니다. 내용도 현대적인 냄새가 너무 진합니다. 신윤복 그림을 좋아하는 다른 사람이 그려놓고 인장만 위조했을 가능성이 크다는 거지요. 그림 값을 올리려고 말입니다.

물론 이것도 확실한 사실은 아닙니다. 이렇게 화가가 확실하지 않은 작품에는 그린 이의 이름 앞에 '전(傳)' 자를 붙입니다. '전 신윤복'이라고 하면 신윤복이 그렸다고 전해진다는 뜻이지요. 그래도 여러분이 공부

> **인장(印章)**
> 인장이란 개인이나 관직의 표시로 문서나 그림에 찍어 증명으로 삼기 위해 만든 도장을 말합니다. 보통 나무·돌·수정·금·뿔·상아 등에 글자·그림 등을 조각하였습니다. 특히 왕의 인장을 국새라고 합니다. 인장의 손잡이 부분에는 용·거북이·기린 등을 조각해 복을 빌고 나쁜 것을 물리치려는 기원을 담았습니다.

전 신윤복, 「사시장춘」, 종이에 담채, 27.2×15.0cm, 조선시대, 국립중앙박물관

하는 데 걸림돌은 없습니다. 오히려 가짜와 진짜를 구별하는 안목을 기를 수 있거든요. 신윤복의 진품이 맞는지는 나중에 여러분이 밝혀 주세요.

　숙제를 하나 내겠습니다. 역시 제목을 붙이는 거지요. 이 작품도 '전 신윤복' 입니다. 주제도 남녀의 사랑이지요. 아무리 봐도 어렵다고요? 힌트를 하나 줄게요. 마루 기둥에 씌어 있는 글자는 '사시장춘(四時長春)' 입니다. 매일이 봄날이라는 뜻이지요. 작품 제목으로도 널리 알려졌지요. 왜 매일 매일이 봄날처럼 좋을까요? 여러분이 보기에 다소 부담스러운 내용일지는 몰라도 잘 살피면 새로운 세계를 발견할 수 있습니다. 신윤복의 진품이 맞는지도 함께 살펴보세요. 지금껏 읽어온 그림들을 쭉 살피면 해답이 나올지도 모르겠군요.

 더 알아보아요

가짜 그림, 진짜 그림

요즘 진짜로 둔갑한 가짜 그림 때문에 연일 시끌벅적합니다. 정선·김홍도·신윤복의 그림은 물론 근대 화가인 박수근·이중섭의 작품에도 가짜가 많다고 알려졌으니까요. 유명한 화가일수록 가짜 그림이 많습니다. 비싸게 팔아 돈을 벌어보려는 사람들 때문입니다.

사실 진짜를 똑같이 베낀 건 가짜가 아닙니다. 이건 모방품입니다. 가짜란 유명 화가와 똑같은 필법으로 그린 다음, 그 사람의 글씨를 흉내 내어 호를 쓰고 위조 인장을 찍은 경우입니다. 그래도 이것만으로는 진짜로 둔갑하기 어렵습니다. 온갖 방법이 다 동원됩니다. 옛날 그림처럼 보이기 위해 오래되고 낡은 종이를 구해 쓰고 컴퓨터를 이용해 진짜와 똑같은 인장과 글씨를 본뜹니다.

그러나 아무리 정교하게 위조를 해도 들통이 납니다. 그림을 분석하는 과학 장비가 많기 때문입니다. 자외선과 엑스선 촬영은 기본이고 탄소연대 측정 및 적외선 분광기까지 동원하여 정밀하게 감정하니까요. 또한 화가들마다 갖고 있는 독특한 버릇을 분석합니다. 진짜는 자연스러운데 가짜는 어디인지 모르게 어색하게 보입니다. 무리하게 흉내 내다 보니 허점이 보이는 거지요. 옛 그림을 많이 본 전문가의 눈으로 보면 금방 탄로 나게 마련입니다. 옛 그림을 많이 보다 보면 저절로 디득하게 되는 안목이지요.

제4교시 자유토론
『혜원전신첩』과 신윤복

신윤복은 어떤 화가일까요. 남긴 작품에 비해 알려진 사실은 너무 없습니다. 신비에 싸인 화가, 그래서 터무니없는 뜬소문만 떠다닙니다. 도화서에서 쫓겨났다거나 오갈 데 없이 떠돌던 방랑자였다고도 하지요. 심지어 신윤복이 여자였다는 설정의 소설이나 영화까지 만들어질 정도입니다. 또 있습니다. 같은 풍속화첩인데 왜 신윤복의 것만 특별히 『혜원전신첩』이라 불릴까요. 김홍도의 것은 『단원풍속화첩』이라고 부르잖아요. 알쏭달쏭, 의문투성이입니다.

 함께 얘기해봐요

신윤복이 여자라니요

선생님, 무척 궁금한 게 있어요. 신윤복은 정말 여자였나요? 소설, 드라마, 영화마다 여자로 나오잖아요.

저도 너무 궁금해요. 그 일로 친구와 심하게 다투기까지 했거든요. 그 친구가 정말 여자였다고 우기잖아요. 또 신윤복과 김홍도는 서로 사랑하는 사이였다고도 하는데 어떻게 된 건가요? 속 시원히 말씀 좀 해주세요.

역시 텔레비전이나 책의 영향이 크군요. 이 기회에 분명히 말해 둬야겠습니다. 신윤복은 절대 여자가 아닙니다. 틀림없는 남자이지요. 김홍도와 사랑하는 사이였다는 소문도 근거가 없습니다.

어떻게 단정할 수 있나요? 신윤복이 여자라는 증거도 없지만 남자라는 증거도 없잖아요.

하하하, 아직도 믿지 못하겠다는 표정이군요. 신윤복이 남자였다는 확실한 증거가 있거든요. 신윤복의 아버지 신한평은 도화서 화원이었습니다. 솜씨가 좋아 세 차례나 임금의 초상을 그리는 어진화사로 참여했지요. 그가 남긴 「이광사 초상」을 보면 솜씨를 짐작할 수 있습니다. 신한

신한평(1726~?)

조선 후기의 화가로 호는 일재(逸齋)입니다. 도화서 화원으로 첨사 벼슬을 지냈으며 신윤복의 아버지로 더 유명합니다. 산수화·인물화·화조화에 두루 능했는데 『연려실기술』이라는 책에 그림을 잘 그렸다는 기록이 있습니다. 『정조실록』에도 김홍도와 함께 어진을 그렸다는 기록이 있습니다. 남아 있는 작품으로 「이광사 초상」「비오는 날 산수화」 등이 있습니다.

평은 2남 1녀를 두었습니다. 2남 중 형이 바로 신윤복, 동생은 신윤수이지요. 이건 고령신씨 족보에 기록된 사실입니다. 신한평의「젖먹이는 어머니」라는 작품을 보세요. 한 어머니가 아이에게 젖을 물리는데 양쪽으로 남자 아이와 여자 아이도 보입니다. 어떤 사람들은 이 그림을 신윤복의 가족사진으로 봅니다. 꼭 2남 1녀잖아요. 그렇다면 젖을 문 아이가 동생 윤수, 오른쪽에 서 있는 남자 아이가 신윤복이 되는 거지요.

『근역서화징』이라는 책에 신윤복의 자는 입보(笠父), 호는 혜원(蕙園), 신한평의 아들로 화원이고 풍속화를 잘 그렸다는 내용이 나온다고 얼핏 보았습니다. 분명히 아들이라고 했네요.

그렇지요. 또 신윤복을 화원이라고 했습니다. 도화서 화원이라는 말인데 만약 여자였다면 아예 도화서에 들어갈 수가 없었지요.

 저는「아기 업은 여인」

신한평,「이광사 초상」, 비단에 채색, 67.3×53.6cm

신한평, 「젖먹이는 어머니」, 종이에 담채, 31×23.5cm, 조선시대, 간송미술관

을 유심히 보았습니다. 오른쪽에 한자로 혜원이라고 시작되는 글씨가 씌어 있었어요. 특별한 뜻이라도 들어 있나요?

용케도 보았군요. '혜원 신가권 자 덕여(惠園申可權字德如)'라는 글입니다. 혜원의 이름은 신가권이고 자는 덕여라는 뜻이지요. 그래서 신윤복의 본명이 신가권이라고 말하는 사람도 있습니다. 여자의 이름이 족보나 작품에 나오는 일은 드무니까 신윤복은 분명 남자였다고 할 수 있지요.

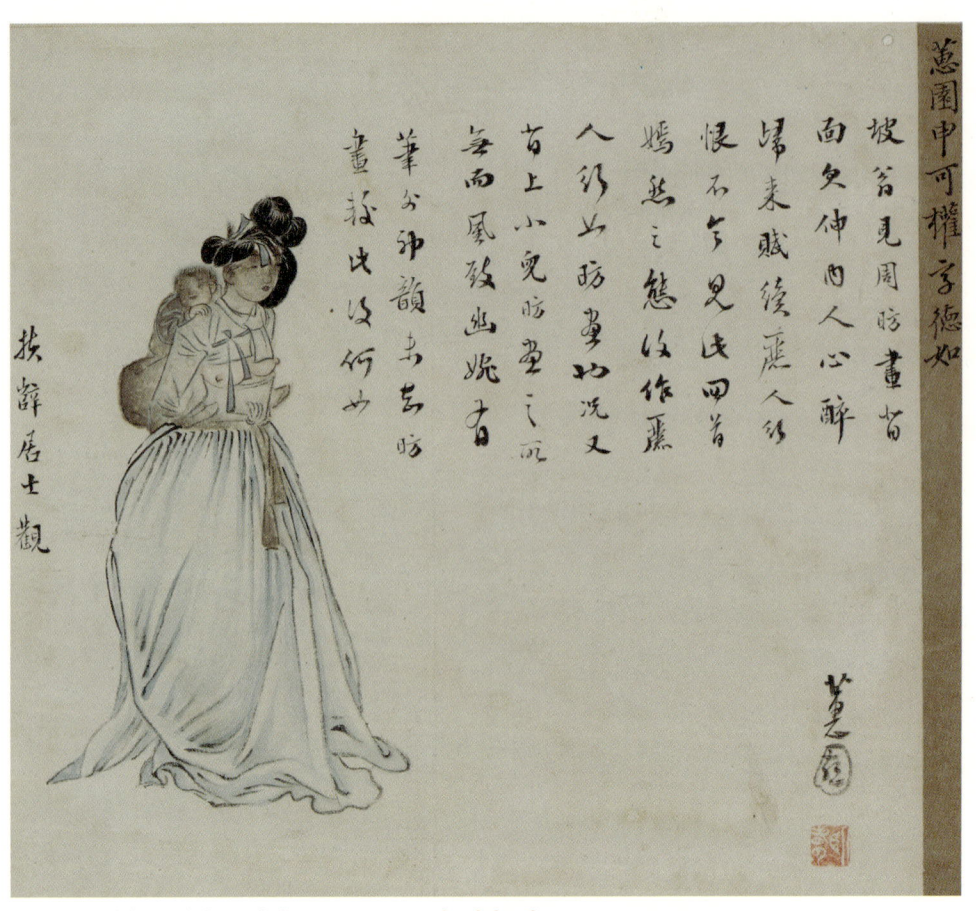

「아기 업은 여인」, 종이에 수묵담채, 23.3×24.8cm, 국립중앙박물관

이제부터라도 신윤복이 여자라느니 김홍도와 연인이었다느니 하는 말은 하지 말아야겠네요. 친구와 괜한 걸 가지고 싸웠네요. 그 친구에게 잘 가르쳐줘야겠어요.

 함께 얘기해봐요

정말 도화서에서 쫓겨났나요?

> 『근역서화징(槿域書畵徵)』
> 오세창이 지은 우리나라 서예가와 화가에 대한 인명 사전입니다. 1928년 간행되었는데 신라의 화가 솔거로부터 고려, 조선에 이르기까지 모두 1,117명이나 되는 서화가들을 시대 순으로 정리하고 간단한 약력까지 소개해 놓았습니다. 책 끝에는 이름과 번호로도 손쉽게 찾아볼 수 있도록 색인을 붙여 옛 화가들을 연구하는 데 중요한 자료가 되고 있습니다.

 궁금한 게 또 있어요. 신윤복의 그림에는 충격적인 내용이 많잖아요. 정말 이런 그림을 그리다가 도화서에서 쫓겨났나요?

 그런 소문도 있기는 한데 어디까지나 소문일 뿐입니다. 정확한 기록이 없기에 뭐라고 딱 부러지게 말을 할 수가 없네요. 만약 도화서 화원이었다면 왕실 행사를 그린 의궤 그림에 이름이 남았을 텐데 찾을 수가 없거든요. 따라서 화원이 아니었거나, 화원이었다고 해도 아주 짧은 기간 동안 활동했겠지요.

 어떤 책에는 아예 도화서에 들어가지도 못했다고 하던데요.

 왜요? 시험에 떨어졌나요?

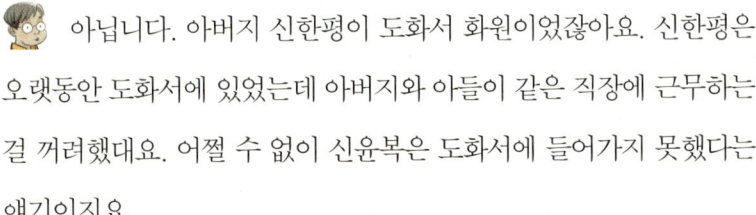 아닙니다. 아버지 신한평이 도화서 화원이었잖아요. 신한평은 오랫동안 도화서에 있었는데 아버지와 아들이 같은 직장에 근무하는 걸 꺼려했대요. 어쩔 수 없이 신윤복은 도화서에 들어가지 못했다는 얘기이지요.

그럼, 신윤복은 어떻게 먹고살았대요? 뛰어난 그림 솜씨를 그냥 썩혔을 리는 없고……

 『청구화사(靑丘畵史)』라는 책에는 신윤복이 이곳저곳 떠돌아다니며 살았다고 적혀 있습니다. 신윤복의 신분이 중인이었잖아요. 그런 만큼 돈 있는 중인들이나 그림 솜씨를 인정해주는 양반 자제들과 어울렸을 수도 있지요.

 아, 신윤복이 양반들의 비밀스런 사생활을 속속들이 묘사한 것도 그만한 까닭이 있었군요. 양반들과 어울렸으니 당연하겠지요.

그런데 도화서에서 쫓겨났다는 얘기는 어째서 나왔지요?

그림이 워낙 파격적이잖아요. 벗은 여인이라든가 남녀가 끌어안은 모습은 유교 사회인 조선에서 쉽게 허용할 수 없는 내용이었으니까요.

성격이 워낙 자유분방해서 딱딱한 도화서 생활에는 어울리지 않았다는 얘기도 들었습니다. 그런 곳을 뛰쳐나왔기에 이런 파격적인 풍속화도 그렸겠지요.

시대를 앞서 나갔던 한 천재의 비극적인 삶이로군요.

왜 『혜원전신첩』일까요

 처음 신윤복 그림은 그다지 잘 알려지지도 않았지요.
 지금 이렇게 유명한데도 말이에요?

🙂 신윤복의 그림을 먼저 높이 평가한 건 일본사람들이었습니다. 섬세하고 화려한 화풍이 일본인의 입맛에 꼭 맞았기 때문이지요. 사실 조선의 선비들은 이런 그림에 관심이 없었거든요.『혜원전신첩』도 일본에 있었는데 전형필 선생님이 비싼 값을 주고 되샀지요.

🙂 왜『혜원전신첩』이라고 하나요. '혜원풍속화첩'이라 불러야 맞지 않나요?

🙂 그러게요.『단원풍속화첩』처럼 말입니다.

🙂 전신(傳神)이라는 말은 초상화를 공부할 때 들어본 적이 있어요. 사람의 마음을 그려낸다는 뜻 아닌가요?

🙂 맞습니다. 전신은 전신사조(傳神寫照)의 준말입니다. 사람을 그릴 때는 겉모습뿐 아니라 인격과 정신까지 나타내야 한다는 뜻이지요. 아까 본「미인도」가 바로 그런 작품의 예입니다.

🙂 그럼,『혜원전신첩』의 그림들에는 사람들 마음까지도 잘 나타나 있다는 말인가요? 제가 보기에는 무표정하기만 한데.

🙂 아닙니다. 비록 무표정하지만 행동이나 태도를 보면 그 사람의 마음을 잘 알 수 있잖아요. 게다가 섬세한 붓질과 색깔까지 입혀 분위기를 절묘하게 나타냈습니다.

🙂 맞습니다. 인물의 행동에 그 사람의 심리상태를 잘 표현했거든요. 그래서 '전신첩'이란 말을 썼던 겁니다. 기본적으로 사물에 대한 묘사력이 뛰어났다는 말이지요. 마음까지 나타내려면 일단은 겉모습

「장닭」, 종이에 수묵채색, 23×23cm

부터 잘 그려야 하거든요. 「장닭」이라는 그림을 보세요. 마치 닭이 살아서 움직이는 것 같잖아요.

국보로서 어떤 가치가 있을까요

『혜원전신첩』은 국보잖아요. 그럴 만한 까닭이 있을 테지요.

무엇보다 섬세한 표현이 돋보여요. 굵은 선으로 그린 『단원풍속화첩』에 비해 아주 꼼꼼하잖아요. 화사한 색깔도 멋있습니다. 시원한 파란색과 녹색에 강렬한 빨간색과 노란색도 거침없이 사용했어요. 화려한 색깔의 향연을 보는 듯합니다.

저는 뛰어난 사실성이 눈에 띄어요. 입은 옷이라든가 배경이 되는 집 모습이 너무 정확하잖아요. 그래서 복식을 연구하는 분들에게 이 그림은 너할 나위 없이 귀중한 자료라고 들었습니다. 이런 연구에는 열 줄의 글보다도 한 장의 그림이 낫잖아요.

양반들의 놀이 문화도 속속들이 알 수 있잖아요. 뱃놀이, 투호, 쌍륙, 답청 등등. 고상한 것만 받들던 조선시대에 어떻게 노는 모습을 그림으로 남길 생각을 했을까요. 우리 엄마는 매일 공부하라고 성화이신데 이제 저도 열심히 놀아야겠어요. 나중에 귀중한 역사가 될 줄 누가 알아요.

내용도 너무 충격적입니다. 몇몇 작품은 친구들과 함께 보기조차 민망했거든요. 조선시대에 어떻게 저런 그림을 그렸을까, 놀랍다는 생각밖에 안 들어요.

맞아요. 알몸이라든지 서로 끌어안은 모습은 정말 파격적이에요. 신윤복의 그림 말고는 본적이 없어요.

 사실 이보다 더 민망한 그림도 많습니다. 『혜원전신첩』에는 모두 30점의 작품이 있는데 우리가 본 건 그중에서 추린 거지요. 여러분이 보기에 정말 어울리지 않는 그림도 있거든요.

 그렇게 말씀하시니 더 보고 싶은데요.

 하하하!

 저는 여자들이 많이 등장한다는 사실이 놀랍습니다. 『단원풍속화첩』의 25점 그림에는 184명의 인물이 나오는데 여자는 고작 20명 뿐이잖아요. 『혜원전신첩』에는 이보다 훨씬 많이 나오는 것 같은데요.

 그 사람들을 세어 보았나요?

 아직 그것까지는…….

 『혜원전신첩』에는 모두 162명이 등장하는데 그중에 여자가 무려 72명 나옵니다. 더 놀라운 건 여자가 나오지 않은 그림이 단 한 점도 없다는 사실이지요. 반면에 남자가 없는 그림이 2점이나 있습니다. 『단원풍속화첩』의 25작품에는 여자가 없는 그림이 14점이나 되거든요. 『단원풍속화첩』이 서민들 세상이라면 『혜원전신첩』은 여인들 세상이지요.

국보로 지정된 게 다 그만한 까닭이 있군요. 혹시 또 다른 작품은 없나요?

🧑 아쉽게도 남은 작품이 많질 않습니다. 화가 자신도 베일에 싸였 잖아요. 옛 분들은 수많은 기록물을 남겼습니다. 그중에는 아직 들쳐 보지 못한 것도 많거든요. 그걸 하나하나씩 뒤지다 보면 더 자세한 내용도 나오지 않을까요. 이건 나중에 여러분이 밝힐 몫으로 남겨 둬야 겠군요.

 어떤 사람일까요

간송 전형필과 우리 문화재

우리나라에는 옛날부터 뛰어난 문화재가 많았습니다. 그런데 전쟁이나 화재로 불타버리기도 했고 일제강점기에 일본으로 많이 넘어가기도 했습니다. 일본사람들이 우리 문화재의 우수성을 눈여겨보고 마구잡이로 앗아갔기 때문입니다. 이걸 안타까워하면서 다시 비싼 값에 사들인 사람이 있습니다. 바로 간송(澗松) 전형필(1906~62) 선생입니다.

전형필은 큰 부자의 아들로 태어나 일본의 명문 와세다 대학을 졸업했습니다. 일찍이 미술평론가 오세창의 영향으로 우리 문화재의 아름다움에 눈을 떴습니다. 그래서 일생을 우리 문화재 수집에 바치기로 마음먹었습니다. 어려움 속에서도 민족혼을 지킨다는 사명감이 있었기에 가능한 일이었지요.

그는 중요한 문화재는 값을 따지지 않고 사들였습니다.『혜원전신첩』도 그중 하나이지요. 값을 깎기는커녕 오히려 달라는 값보다 더 비싸게 쳐줄 때도 있었다고 합니다. 우리 문화재의 값어치를 그만큼 높게 평가한 거지요. 특히 중요한 문화재의 경매 때는 일본의 수집상들과 대결을 벌이곤 했는데 이건 문화재를 통한 일본과의 대결이기도 했습니다.

이렇게 해서 모은 문화재는 보화각(지금의 간송미술관)을 세워 보관·전시하였습니다. 현재 간송미술관에는 국보로 지정된 문화재를 비롯해 많은 그림이 소장돼 있습니다. 특히 정선·김홍도·신윤복의 그림으로 유명합니다. 1년에 두 번 전시회를 열어 소장품을 일반인에게도 공개하고 있는데 모두 간송 전형필의 우리 문화재에 대한 끝없는 열정 덕분입니다.

 보충학습

화폭이란 무엇일까

  책에 실린 작품 사진을 도판이라고 합니다. 도판을 보면 직접 미술관이나 박물관에 가지 않고도 작품을 감상할 수 있습니다. 하지만 책에 실린 그림을 본다고 해서 작품의 재질이나 크기까지 알 수는 없습니다. 그래서 도판 아래에는 원래 작품에 대한 정보를 자세히 적어놓습니다. 제목, 화가, 그린 때, 소장한 곳 등이지요. 또 하나 빠뜨리지 않는 것이 있습니다. 바로 화폭입니다. 화폭은 작품의 재질과 크기를 말합니다.

○ 재질

작품의 재질 중에는 종이가 가장 흔합니다. 종이는 먹이나 물감을 잘 빨아들이고 또 생각보다 오래 보관할 수 있기 때문입니다. 1,000년도 훨씬 전인 신라나 고

함윤덕, 「나귀를 탄 선비」, 비단에 수묵담채, 15.6×19.2cm

고구려 고분 벽화 「무용총 수렵도」

려시대에 그린 종이 그림이 아직까지 보관되고 있는 정도입니다. 도판에는 흔히 지본(紙本)이라고 씁니다. 예를 들어 지본수묵(紙本水墨)이라고 씌어 있으면 종이에 먹으로 그렸다는 뜻입니다.

비단이나 모시에도 그림을 그렸습니다. 종이보다 더 고급스런 재질입니다. 도판을 보면 모시담채, 견본채색(絹本彩色) 같은 말이 있습니다. 모시담채는 모시에 옅게 색을 칠했다는 뜻이고, 견본채색은 비단에 여러 가지 색을 짙게 칠했다는 뜻입니다. 함윤덕의 「나귀를 탄 선비」에서 보이는 것처럼 비단에 그리면 가는 올이 다 드러나 독특한 느낌을 줍니다.

이 밖에 건물 벽이나 담벼락에 그리는 벽화가 있습니다. 고구려 사람들이 만든 무덤 속 그림인「수렵도」는 유명한 벽화입니다.

○ 화폭

도판 밑에는 작품의 크기도 씌어 있습니다. 신윤복의 풍속화는 그림 한 점의 크기가 28.3×35.2cm입니다. 세로의 길이가 28.3센티미터이고 가로는 35.2센티미터라는 뜻입니다.

우리 옛 그림은 작품의 크기가 매우 다양했습니다. 화가는 자신의 작품에 꼭 들어맞는 화폭을 선택해서 그렸지요.

화폭의 종류는 다음과 같습니다.

축(軸): 위 아래로 긴 그림으로 '족자' 라고도 합니다. 흔히 벽에 걸어놓고 감상을 합니다.

권(卷): 옆으로 긴 그림으로 '두루마리' 라고 합니다. 보관할 때는 말아 놓았다가 감상할 때 옆으로 펼쳐가면서 봅니다. 제발이 씌인 부분까지 합치면 길이가 10미터가 넘는 작품들도 많습니다.

첩(帖): 여러 작품을 묶어 한 권의 책처럼 꾸몄습니다. 앨범을 넘기듯 한 장씩 찬찬히 감상하면 됩니다.『단원풍속화첩』과『혜원전신첩』이 유명합니다.

병풍(屛風): 여러 장의 그림을 붙여 세워놓은 것을 말합니다. 병풍은 감상 외에도 바람을 막거나 공간을 나누는 용도가 있습니다.

이인상, 「송하관폭도」,
종이에 수묵담채, 23.8×
63.2cm, 18세기

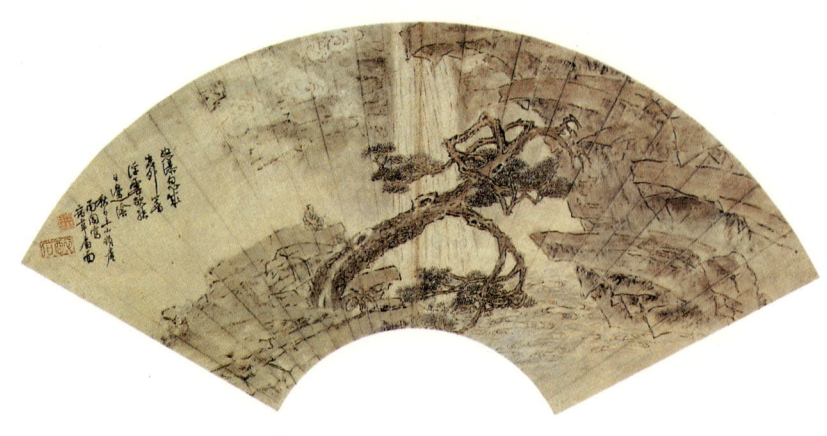

선화(扇畵): 부채에 그린 그림입니다. 직접 쓸 수 있게끔 만들지만 장식용으로 굉장히 크게 만들어 거는 경우도 있습니다.

○ 장황

축이나 권 그림에는 장황을 합니다. 장황이란 다른 말로 흔히 표구라고 합니다. 미술관이나 박물관에 있는 옛 그림을 보면 대부분 장황을 했습니다. 보기에도 좋고 보관도 쉽기 때문입니다. 장황을 얼마나 잘 하느냐에 따라 작품 분위기가 확 달라집니다. 장황은 보통 은은한 색깔로 합니다. 작품보다 색깔이 화려하면 감상에 방해가 되니까요.

그림에 보이는 이명기의 「채제공 초상」이 바로 위아래가 긴 '축' 형태의 그림에 장황을 한 것입니다. 어때요, 보기 좋지요?

이명기, 「채제공 초상」, 비단에 채색, 121.0× 80.5cm, 개인 소장

졸업식

축하합니다. 힘들고 지루했던 친구들도 있었을 텐데 오늘만은 환한 웃음이로군요. 그렇습니다. 어려운 일을 무사히 끝냈을 때의 즐거움이란 무엇과도 바꿀 수 없지요. 이제 여러분은 높다란 그림 산 하나를 넘은 셈입니다.

신윤복의 그림은 어땠나요? 양반들의 감춰진 생활을 엿보는 재미가 쏠쏠했지요. 양반들이란 점잖고 고상한 줄만 알았는데 꼭 그렇지도 않더군요. 역시 사람은 사람인가 봅니다. 괄시받던 기생들이 그림의 주인공이 된 점도 새로웠습니다. 비록 기생이지만 몇몇 그림에 나타난 그녀들의 삶은 화려하고도 당당했습니다. 세상을 떠받치던 또 하나의 든든한 축이었지요. 내용이 너무 파격적이라 다 소개하지 못한 나머지 작품들이 아쉽기도 합니다. 하지만 나중에 자연스럽게 읽을 기회가 있겠지요.

같은 풍속화를 그렸지만 신윤복의 화풍은 김홍도와 많이 다릅니다. 화려한 색깔과 섬세한 필치가 돋보이잖아요. 양반과 여인들이 주로 등장한다는 점도 그렇지요. 누가 더 잘 그렸느냐고요? 참 어리석은 질문입니다. 서로 다른 개성이야말로 예술이 존재하는 진정한 이유이니까요. 신윤복은 자신만의 독특한 화풍으로 풍속화에서 일가를 이루었습니다.

사실 풍속화가 우리 옛 그림의 전부는 아닙니다. 또 다른 그림 세계가 무궁무진하지요. 이제는 또 다른 세계 또한 두루 접하길 바랍니다. 우리 옛그림학교도 다음번에는 새로운 그림으로 문을 열겠습니다. 여러분, 수고하였습니다. 다음에 또 만나요!

옛그림학교 2
신윤복의 풍속화로 배우는 옛 사람들의 풍류
ⓒ 최석조 2009

| 1판　1쇄 | 2009년　7월 22일 |
| 1판 11쇄 | 2023년 10월 20일 |

지 은 이 | 최석조
펴 낸 이 | 김소영
책임편집 | 손희경 임윤정
디 자 인 | 이정민 이주영
마 케 팅 | 정민호 박치우 한민아 이민경 박진희 정경주 정유선 김수인
제 작 처 | 한영문화사

펴 낸 곳 | (주)아트북스
출판등록 | 2001년 5월 18일 제406-2003-057호
주　　소 | 10881 경기도 파주시 회동길 210
대표전화 | 031-955-8888
문의전화 | 031-955-7977(편집부) / 031-955-2689(마케팅)
팩　　스 | 031-955-8855
전자우편 | artbooks21@naver.com
트 위 터 | @artbooks21
인스타그램 | @artbooks.pub

ISBN 978-89-6196-036-6 04600
　　　 978-89-6196-021-2 (세트)